大英儿童百科

万万想不到

一条线穿起的400个古怪知识

大英百科全书公司 / 著

［英］安迪·史密斯 / 绘　于时雨 / 译

童趣出版有限公司编译　人民邮电出版社出版
北　京

图书在版编目（CIP）数据

一条线穿起的400个古怪知识 / 美国大英百科全书公司著 ;（英）安迪·史密斯绘 ; 童趣出版有限公司编译 ; 于时雨译. -- 北京 : 人民邮电出版社, 2025. --（大英儿童百科万万想不到）. -- ISBN 978-7-115-66509-6

Ⅰ. Z228.1

中国国家版本馆CIP数据核字第2025Z9P473号

著作权合同登记号 图字：01-2023-2802

著　　：大英百科全书公司

绘　　：[英] 安迪·史密斯

译　　：于时雨　　责任编辑：左艺芳

责任印制：赵幸荣　　封面设计：马语默

排版制作：刘夏菡　　尚丽俐

编　译：童趣出版有限公司

出　版：人民邮电出版社

地　址：北京市丰台区成寿寺路11号邮电出版大厦（100164）

网　址：www.childrenfun.com.cn

读者热线：010-81054177　经销电话：010-81054120

印　刷：天津海顺印业包装有限公司

开　本：889×1194 1/16　印张：13.5　字数：185千字

版　次：2025年5月第1版　2025年5月第1次印刷

书　号：ISBN 978-7-115-66509-6

定　价：68.00元

创作团队

大英百科全书公司（Encyclopaedia Britannica, Inc.）出版了世界三大百科全书之一——《大英百科全书》，250 多年来一直致力于激发人们的好奇心与学习兴趣。大英百科全书公司特别邀请了以下 3 位与众不同的专业人士参与这本书的创作。

佩吉·托勒（Paige Towler）是一位作家和编辑。她曾担任美国《国家地理》（少儿版）的编辑，写过关于动物做瑜伽的诗歌、发生在这个世界上的怪事，以及跟蛇和蝙蝠有关的搞笑故事。在考虑哪些“重口味”的趣闻可以被收入本书时，佩吉从自己喜欢的所有主题中获取灵感，如历史、动物、科学奇闻、怪物等。关于蜣螂有时会在自己滚出的粪球上面跳舞的趣闻，正是本书中她最喜欢的一则。

安迪·史密斯（Andy Smith）是一位屡获大奖的插画家，毕业于英国皇家艺术学院（Royal College of Art）。他的作品均带有一种乐观的情绪以及一种手绘的亲切感。安迪非常享受为本书绘制跟黏液、飞溅物和难闻的气味等有关的插图。本书中令他印象深刻的是那种为了清空胃部而将整个胃从嘴里推出来的青蛙；他最享受的插图绘制过程是为泥地排球绘制泥浆飞溅的场景。

劳伦斯·莫顿（Lawrence Morton）是一位艺术总监及设计师，他喜欢让文字阅读变得有趣。在为本书进行美术设计时他联想到希腊神话中忒修斯穿越迷宫的故事，于是在书中用虚线和箭头标注出了一条路线，来帮助读者顺利完成这次万万想不到的知识探索之旅。

本书内容

V.R

趣闻之旅

欢迎开启万万想不到的探索之旅！

需要注意的是，事情即将变得重口味起来。

是时候开启这场探索之旅了！这里有数百个特别古怪的、使人感到十分震惊的，甚至可能有点儿令人厌恶的奇妙事实。比如：

你知道有史以来最长的一个嗝曾持续了 1 分多钟吗？

来看一些令人作呕的世界纪录吧！有一名男子保持着一项将牛奶从自己眼睛里喷射出最远距离的纪录。可不要随意模仿哟！

再来深入挖掘一下有关难闻的食物的趣闻，比如海巴戟果。因为气味太过糟糕，它又被称作“呕吐果”。

继续获取更多关于呕吐物的信息：有的狗妈妈会将自己吃过的食物吐出来，然后喂给它的宝宝吃。

既然说到了动物宝宝，你知道有一种蚜虫的幼虫可能会因为食物短缺而吸食同类的体液吗？

你可能已经发现了这场探索之旅的特别之处：每一则趣闻都以出人意料而又令人捧腹的方式与下一则趣闻联系在一起。

在这场探索之旅中，你会遇到**糟糕的厕所**、**恶心的呕吐物**、**令人作呕的世界纪录**……还有什么呢？快去发现每翻一页都有怎样的惊喜吧！

本书不仅仅提供了一条阅读路线。你的阅读路线每隔一段内容就会出现分支，通过**向后**或**向前跳转**，你会来到书中一个全新但相关的部分。

跟随你的好奇心去到你想去的地方吧。当然了，这里就是一个不错的起点。

比如，你可以绕路去这里

了解一下长有两个头的蛇

跳转至第 158 页

在 1858 年的

“大恶臭”

期间，伦敦的泰晤士河因大量污水流入，散发出异常难闻的气味。许多人因此离开了这座城市，就连政府也曾考虑过搬迁。

跳转至第 10 页
那是什么味道?

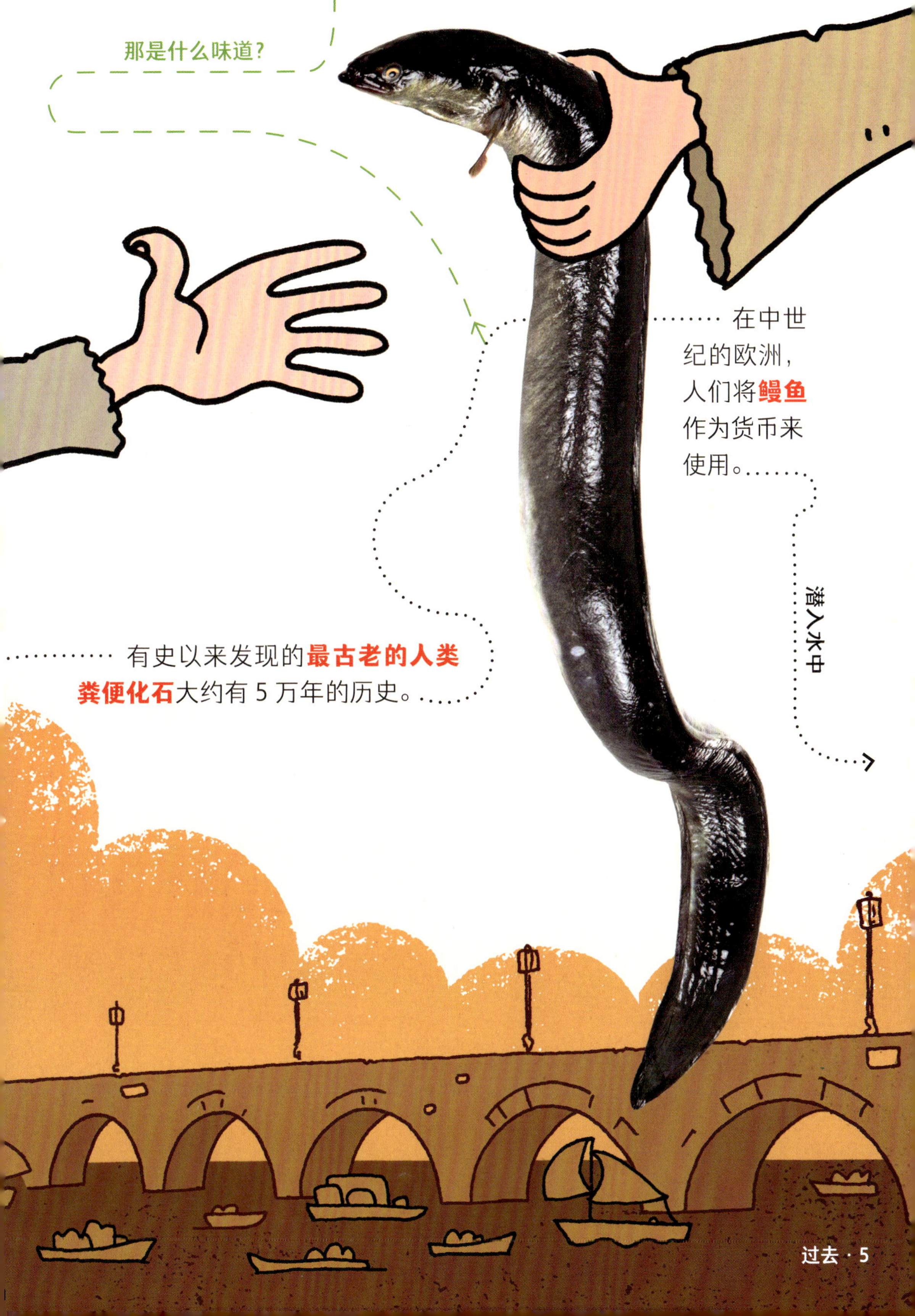

在中世纪的欧洲，人们将**鳗鱼**作为货币来使用。

潜入水中

有史以来发现的**最古老的人类粪便化石**大约有 5 万年的历史。

海洋中有 1300 多种**海蜘蛛**，最大的海蜘蛛差不多可以长到汽车轮胎那么大。

海鞘一旦成年，就会把**自己的“大脑”吸收**进身体。

跳转至第 20 页

更多的“吸血鬼”

水中有一种“小虱子”（缩头鱼虱）会寄生在鱼的舌头上并用前爪切断鱼舌内的血管，致其坏死，直至鱼的**舌头脱落**，然后它们会生活在鱼嘴里原本舌头所在的位置。

乌贼蠕虫的头部长有**10 个附肢**，它们会用这些附肢来收集自己喜欢的食物，包括粪便、腐烂的海洋生物和黏液。

当受到威胁时，有些种类的海参会将它们的**内脏**从尾部朝攻击者**喷射**过去。

欧非肋突螈(yuán)能够用肋骨顶端刺穿自己的毒性皮肤，并以此来防御捕食者。

为了保护自己，斑臭鼬会通过**倒立**来恐吓捕食者。假如倒立不起作用，它便会从肛门腺中释放出带有恶臭的液体。

更多有毒的动物

跳转至第 102 页

……海豹岛位于南非开普敦海岸附近，据说那里是

地球上气味

最难闻的地方。

那里住着几千只非澳海狗，它们的粪便闻起来就像腐烂的鱼一样。

穴小鸮（xiāo）会**收集哺乳动物的粪便**并将其带回自己的窝中，以此来引诱其他猎物——蜣螂（俗称“屎壳郎”）。

河马在大便时会**旋转尾巴**，有时候能将粪便甩到 10 米远的地方。它们正是利用这种方式来标记自己的领地。

每天会有 **9 吨**左右的河马**粪便**流入位于非洲的马拉河。这些粪便其实有助于保持河流的健康。

跳转至第 88 页

树懒几乎**每周**只拉**一次**便便。

更多疾病和疗法

“**粪便药丸**”含有在人类粪便中发现的益生菌，这种药物可以用于治疗某些感染性疾病。

电击疗法可以抑制疼痛。早在古罗马时期，可能就有医生用**电鳐**（也有人认为是电鳗）电击病人的头部来治疗头痛。电击疗法需要有专业的设备和医生才能进行，千万不能自己随便尝试！

在古埃及，有人认为将半只死老鼠放在牙齿上就能**治疗牙痛**。实际上这没有任何效果，只是一种迷信行为，而且还容易让人感染其他疾病。

更多关于老鼠的事
跳转至第 142 页

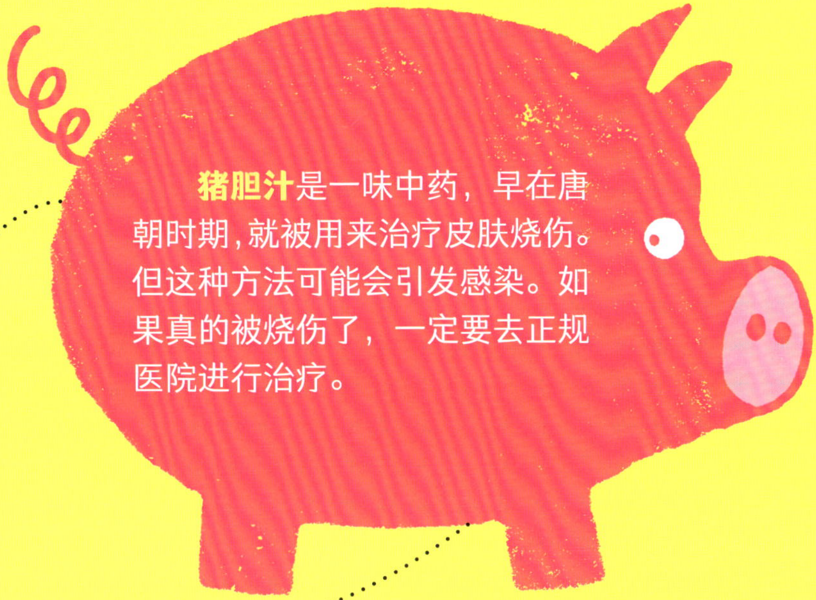

猪胆汁是一味中药，早在唐朝时期，就被用来治疗皮肤烧伤。但这种方法可能会引发感染。如果真的被烧伤了，一定要去正规医院进行治疗。

砷的许多化合物是**剧毒物质**，但是可以用来治疗多种疾病。早在19世纪，砷的一些化合物就被英国医生用于治疗哮喘。不过，如果你真的遇到含有砷的物质，一定要离远一点儿，它很危险！

跟随蜗牛的足迹

蜗牛的黏液有很多种用途，甚至可以用来制造药品。不过，野生蜗牛携带大量病菌，它们的黏液不能直接使用。

有的蜗牛壳会被蜜蜂和**胡蜂**用作巢穴。

曾经有**化石**因为被**蝙蝠**的粪便覆盖着，从而完整地保存了下来。

古生物学家在一块距今 2.7 亿年的鲨鱼粪便**化石**中发现了**绦虫**卵。

有一些蜘**蛛**可以捕食**蝙蝠**。

蛛网在历史上曾被当作**绷带**使用。

一些寄生性**胡蜂**会将卵产在其他昆虫（如瓢虫）或蜘蛛的腹部。待卵孵化后，幼虫会将自己结成茧，继而控制瓢虫等昆虫的大脑，把它变成一具“**僵尸**”。

僵尸蠕虫以**鲸**的尸骨为食。

鲸体内的**绦虫**（一种生活在动物肠道内的寄生虫）体长可达成年人身高的 20 倍左右。

包裹一具**木乃伊**可能需要用到多达 375 平方米的亚麻布条（功能类似**绷带**）——差不多可以覆盖一个篮球场。

有人曾在**木乃伊**的身上发现了虱子。

不要随意抓挠！

虱子带来的**瘙痒感**实际上是由我们的身体对其唾液的反应引起的。

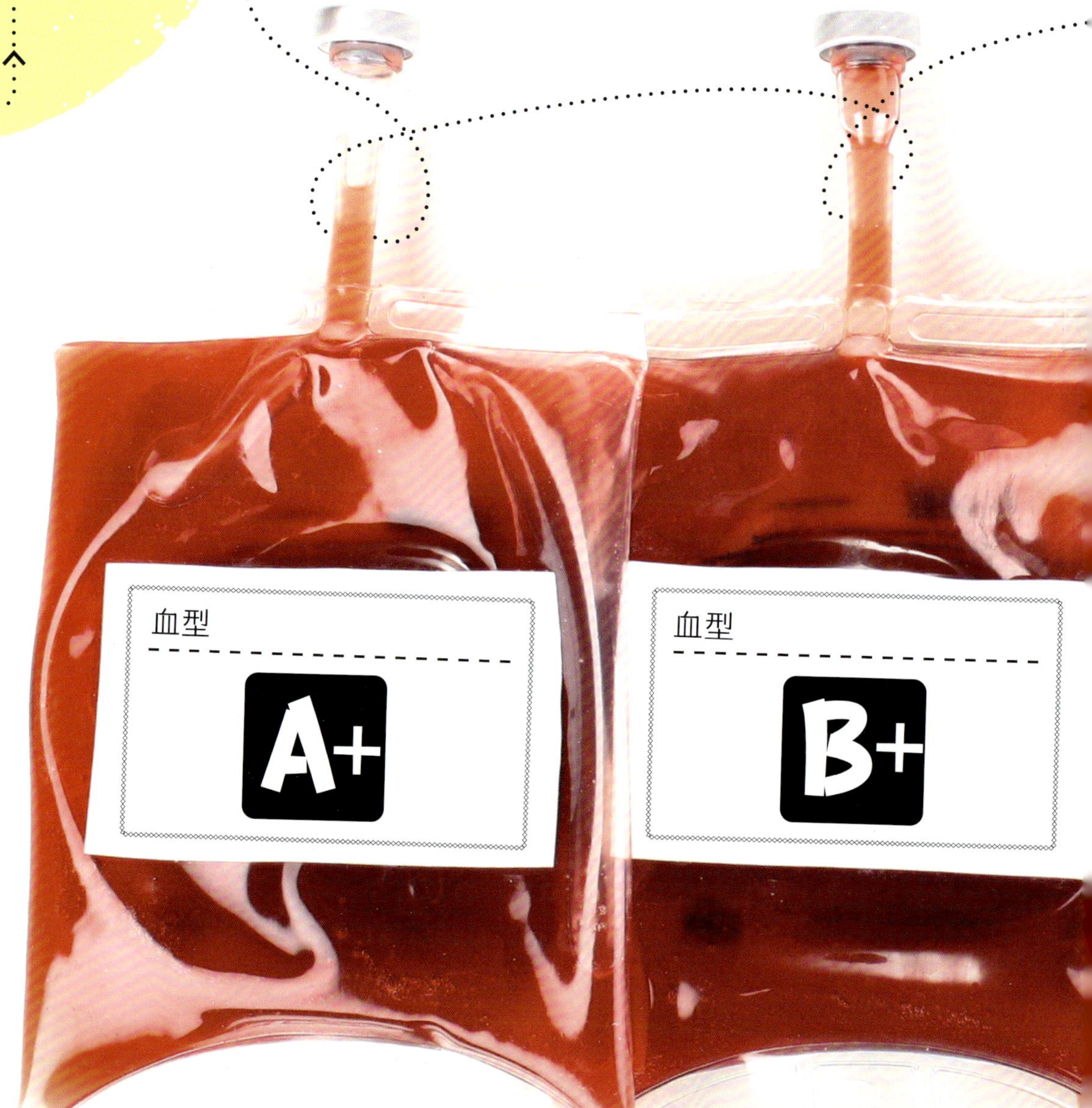

虱子**一天要吸食4~5次**血液，它们通常一生都喜欢吸食同一血型的血。

嗯……味道好极了！

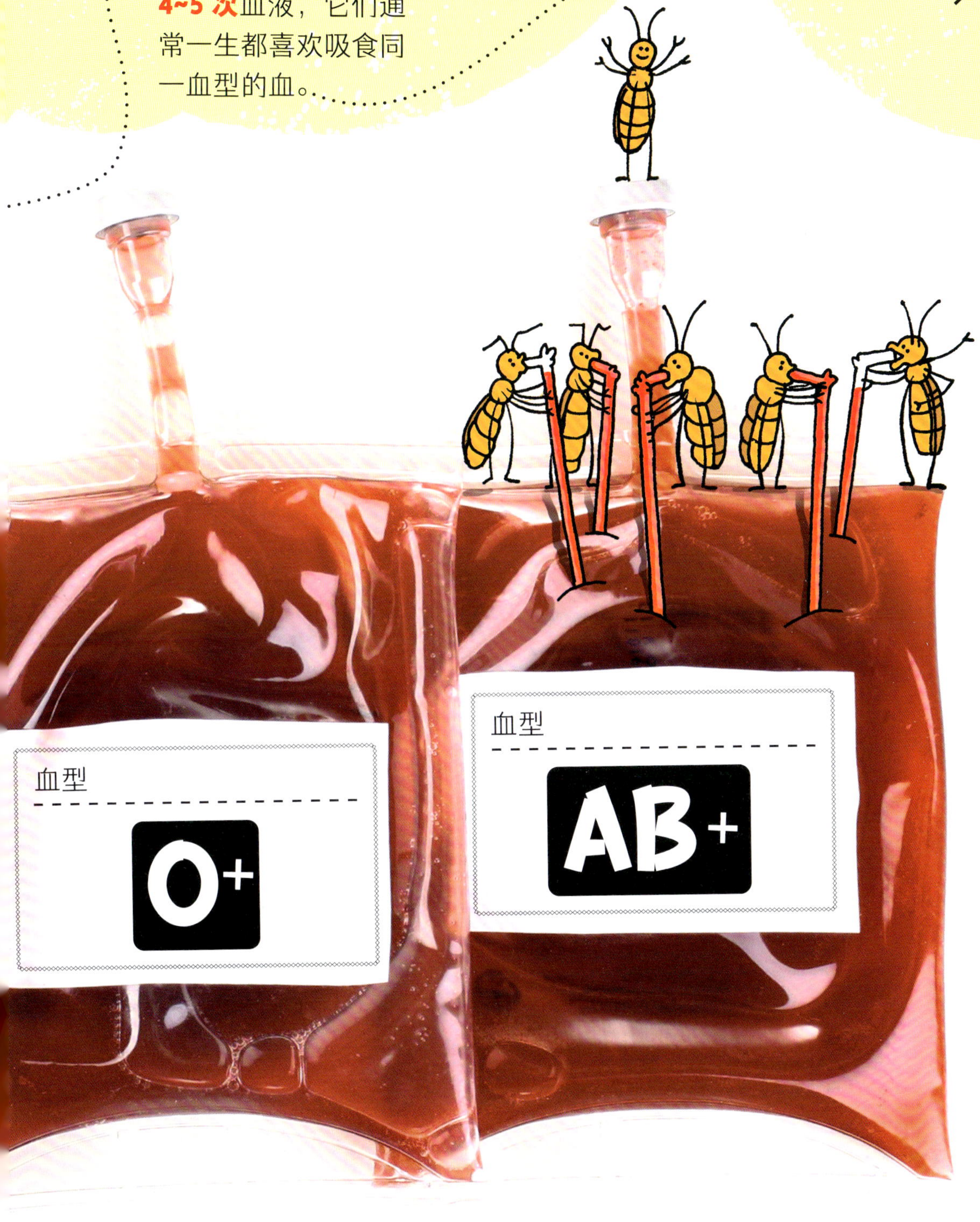

跳转至第 94 页
小宝宝

有一种**蚜虫**幼虫可能会因为食物短缺而吸食同类的体液。

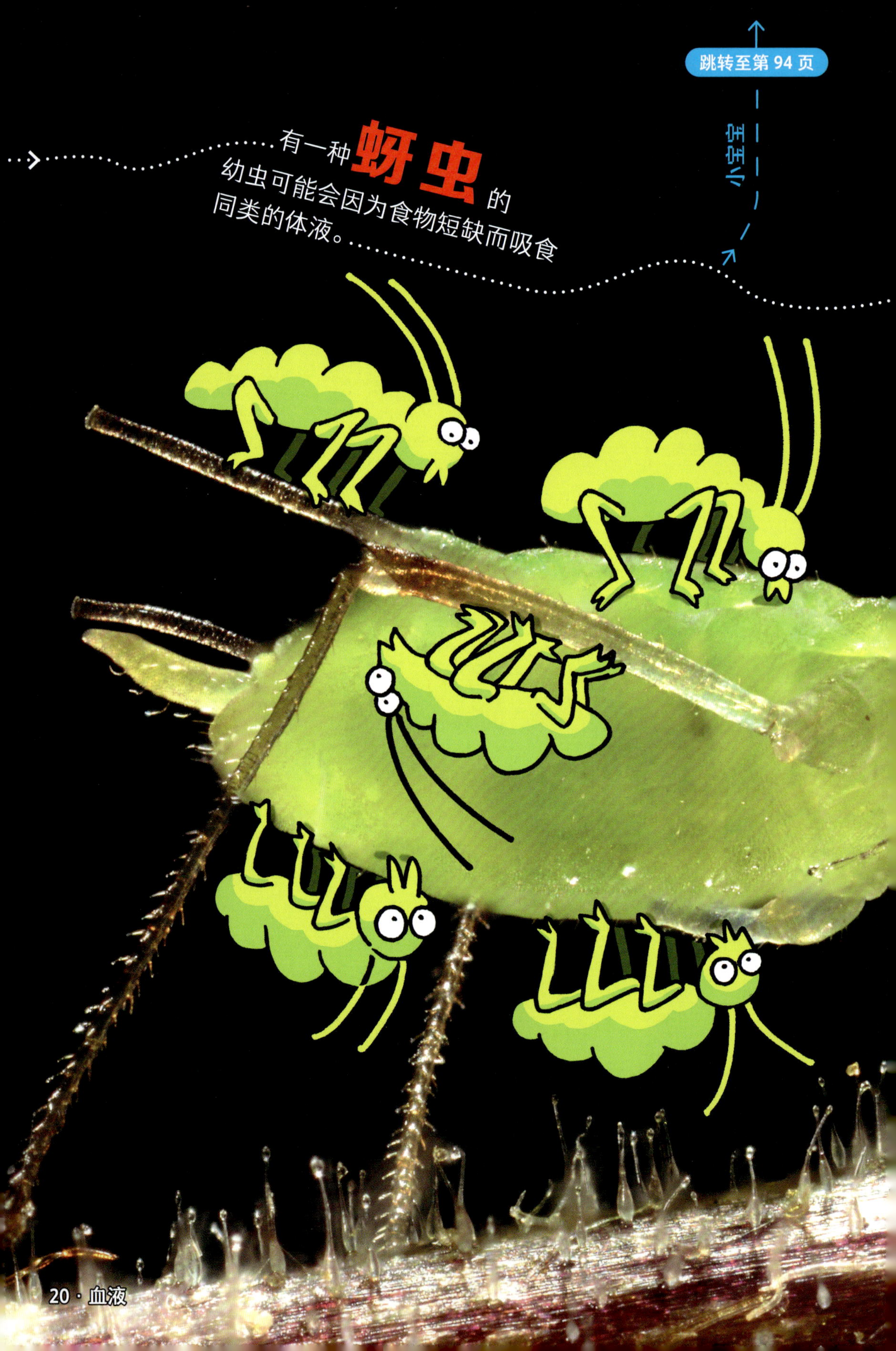

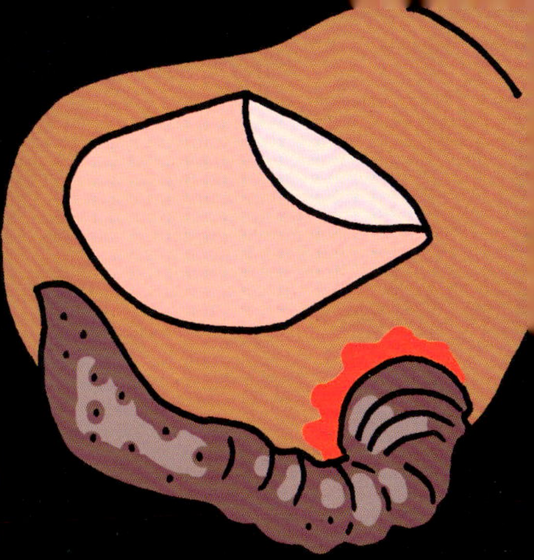

水蛭在吸食血液时会分泌一种物质来抑制血液凝固，从而防止伤口愈合，好让自己能够持续不断地进食。

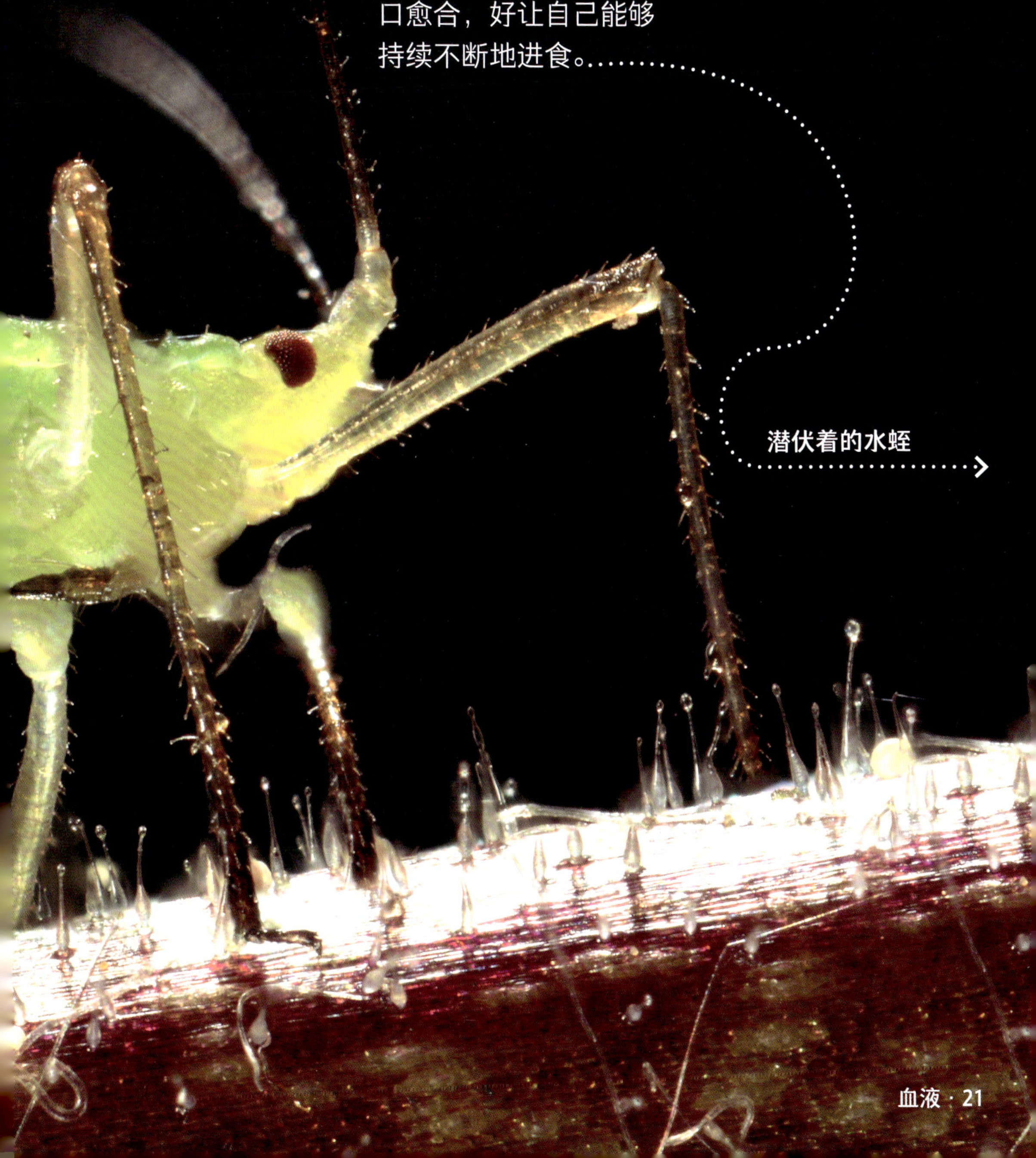

水蛭有 **34 个**神经节，每一个神经节都相当于一个**大脑**。

亚马孙巨型水蛭是世界上体形最大的水蛭，它们可以长到和一只**家猫**（不包括猫尾巴）差不多长。

有些水蛭长有 3 个颌、将近 **200 颗牙齿**。

小猫，到这边来
跳转至第 130 页

海洋水蛭有时会**以**其他海洋动物的**眼睛为食**，或是寄生在其他海洋动物的嘴里。

在 18 世纪和 19 世纪的欧洲，一些人会将水蛭收集起来出售给医生。这种人被称作“**水蛭收集者**”，这意味着他们需要涉水和等待被咬。

工作时间到了

我看见了！

跳转至第 114 页

……19 世纪中期，英格兰有一位非常知名的**捕鼠者**，他甚至为维多利亚女王服务过。……

* 维多利亚英文单词Victoria的缩写。

跳转至第 38 页

鼠王是指一群老鼠因尾巴缠结在一起而形成的一团“老鼠球”。一些专家认为，大多数有记载的鼠王都是骗人的，但也不排除在罕见的情况下形成鼠王的可能性——比如，老鼠们的尾巴被冰冻的粪便粘连在了一起。

厕所在哪里？

老鼠的繁殖速度非常快，一对成年老鼠在一年内就可以有15000只后代，

法国巴黎生活着大约 600 万只老鼠——**它们的数量几乎是当地人口数量的 3 倍！**大多数老鼠生活在地下和下水道中，但它们时常会窜到拥挤的地面街道上来。

沿管道而下

大竹鼠可以长到跟一只**家猫**差不多大。

在英语中，一群老鼠有一个特别的量词“**恶作剧**”（mischief）。一“恶作剧”老鼠就是指一群老鼠。

其中包括它们的儿女、孙子（孙女）、曾孙（曾孙女）等。

……下水道中有时会形成大块的**油脂山**，这种固体块状物是由人们倒入排水管道中的脂肪、油和湿纸巾等组成的。……

……19 世纪，有一群被称作“下水道猎人”的人会进入英国伦敦的下水道中，去**搜寻掉入其中的硬币**和贵重金属。

澳大利亚的下水道中曾发现有**蟒蛇**在爬行。

2600多年以来，**罗马的马克西姆下水道**（意为“最伟大的下水道”）中一直流淌着人类的大小便。
令人作呕
在中国，曾经有一头**走失的牛**后来在村里的下水道中被找到，而它竟然毫发无伤。

古罗马人有时会购买装有角斗士**汗液**的纪念瓶。

汗液和**臭鼬**释放的奇臭的液体中含有一些相同的化学物质。

臭鼬猿是传说中的一种类人生物，据说它潜伏在美国的**沼泽**地中，而且气味很难闻。

腐烂的**木**材、被咀嚼过的树叶和粪便是北美**千足虫**巢穴的主要组成部分。

生活在大约 3 亿年前的一种**千足虫**长到了与一只成年**猎豹**差不多的长度。

一家动物园的**猎豹**幼崽在周岁生日时会收到用冰块、肉块、鸡汤和动物血做成的**蛋糕**！

曾经有一位嘉宾把一块有着125年历史的**蛋糕**带到了**电视**节目中，主持人还尝了一口。

常被使用的**电视**遥控器上的**细菌**比马桶座圈上的还要多。

仅从 1 克**土壤**中就可以发现 6 万种不同的**细菌**。

芬兰人发明了“**沼泽**足球”，人们在满是泥浆的球场上比**赛**。

在美国纽约举办的一场臭鞋大**赛**中，鞋子**气味**最臭的一个孩子获得了冠军。

为了制造一种能够掩盖最糟糕的**气味**的喷雾，一家香水公司研究了多个国家的**厕所**中的化学物质。

在古代的某些时候，中国人和日本人上完**厕所**后，通常使用小**木**片来刮屁股，以达到清洁的目的。

“夜里的**土壤**”在英语中有一个特别的含义，指的是夜间收集的人类**粪便**。

古罗马的女性有时会将鳄鱼的**粪便**作为化妆品使用。

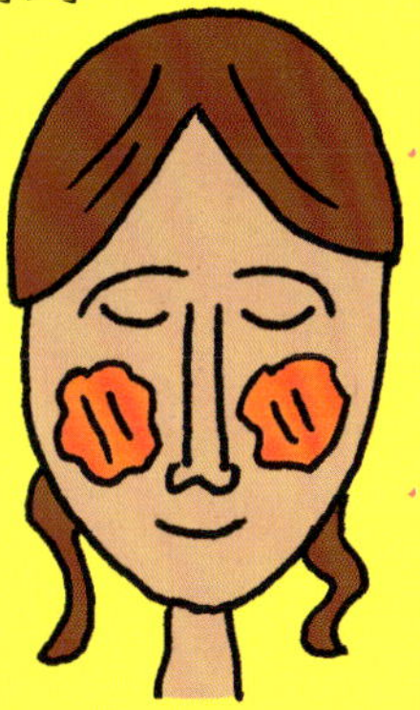

更多的化妆品

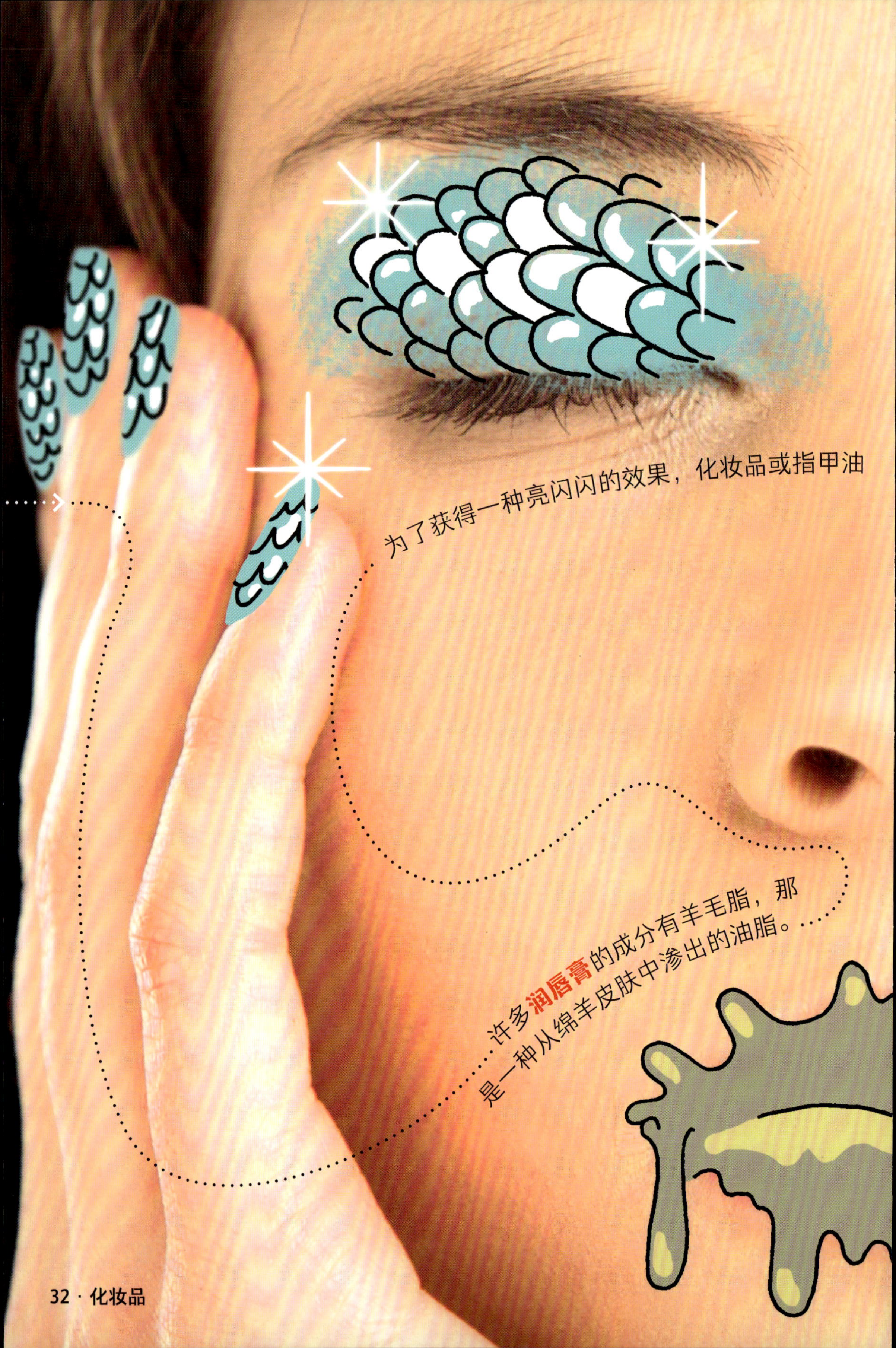

为了获得一种亮闪闪的效果，化妆品或指甲油

许多**润唇膏**的成分有羊毛脂，那是一种从绵羊皮肤中渗出的油脂。

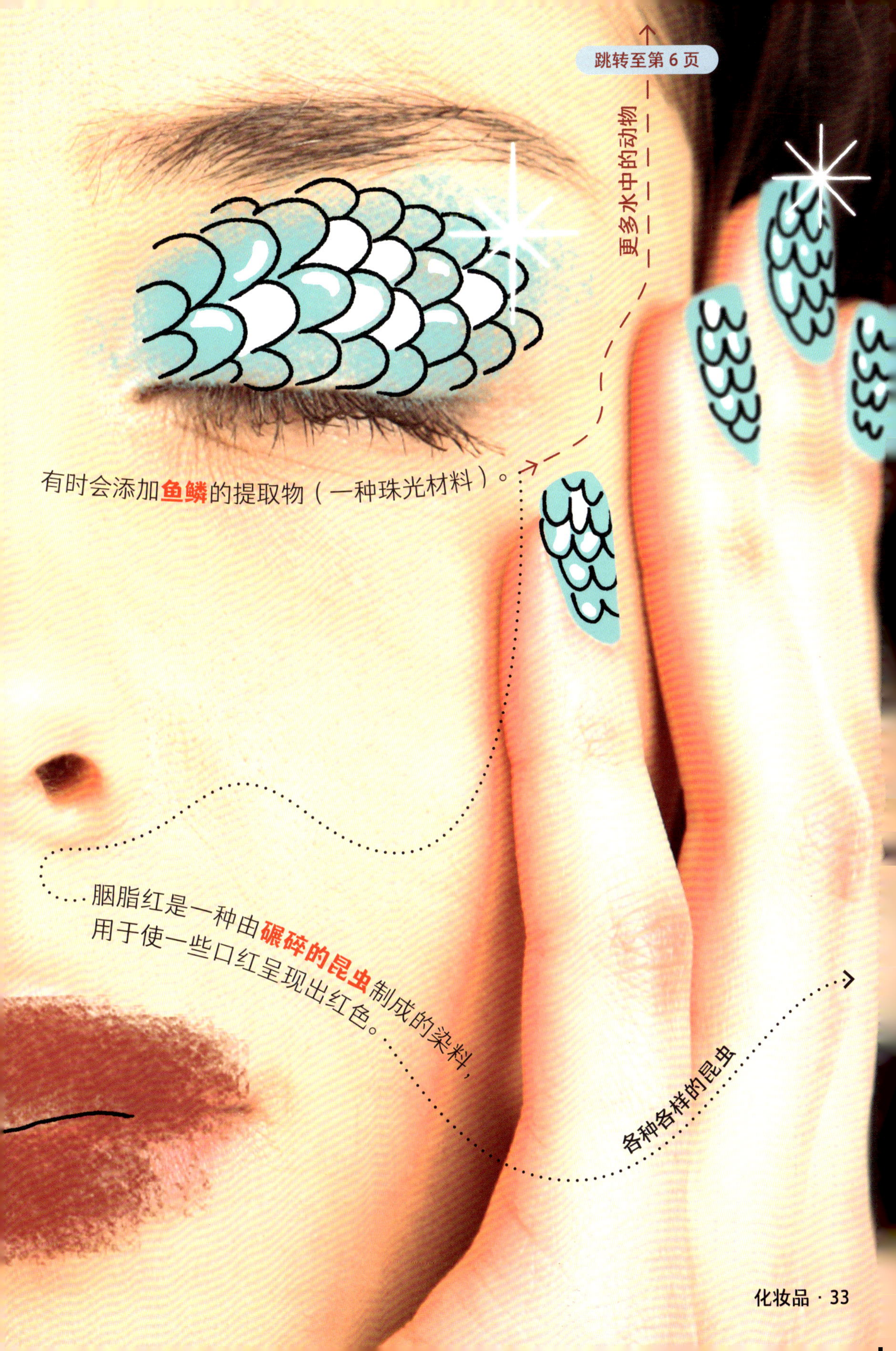

跳转至第 6 页
更多水中的动物
有时会添加**鱼鳞**的提取物（一种珠光材料）。
胭脂红是一种由**碾碎的昆虫**制成的染料，
用于使一些口红呈现出红色。
各种各样的昆虫

螳螂的头部可以旋转180度。

蜜蜂的复眼上长有毛发。

毛发旺盛

跳转至第124页

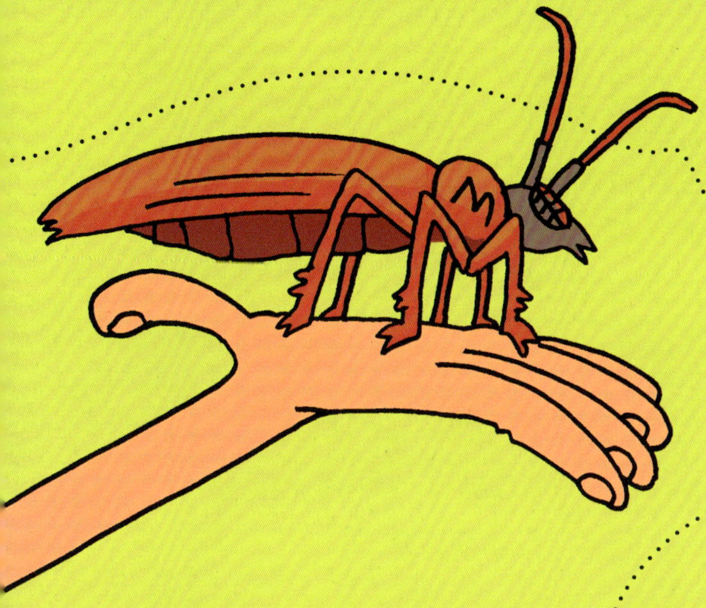

泰坦大天牛

可以长到一个成年人的手掌那么大。

……先孵化出来的瓢虫宝宝会吃掉其他未孵化的虫卵。

想来点儿蛋吗?

跳转至第 90 页

好吃极了!

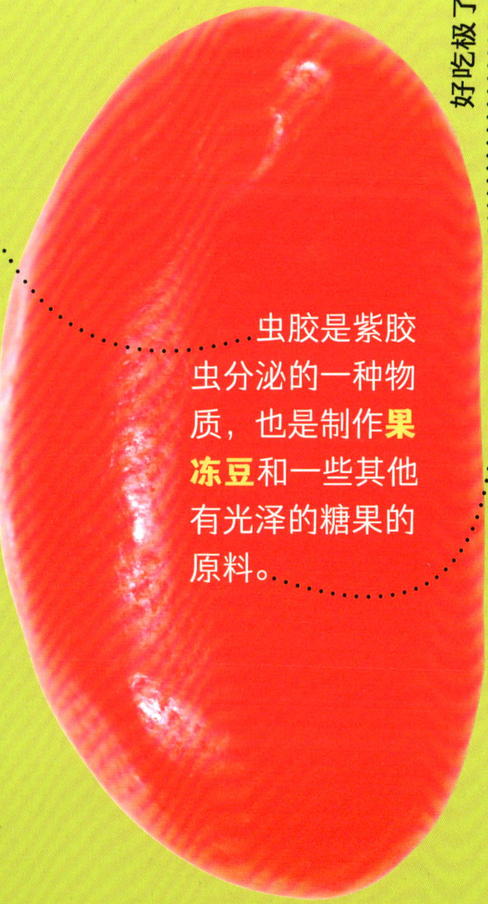

虫胶是紫胶虫分泌的一种物质，也是制作**果冻豆**和一些其他有光泽的糖果的原料。

跳转至第 48 页
吹个泡泡吧!

某些**口香糖**中含有羊毛脂。

一些公司会将生产的糖果装在**马桶形状**的包装中售卖。

好恶心啊！

18 世纪前后，生活在欧洲的人们有时会将便桶里的排泄物从窗户倒出去。在苏格兰，人们在倾倒前还会喊上一句“**泼水啦**”作为对路上行人的警告。不过，这种行为千万不能模仿。在中国，从建筑物中向外抛掷物品是违法的！

古罗马的公共厕所通常有**多个位子**供几个人同时使用。

回到过去

跳转至第 4 页

科学家在研究塞浦路斯一座城堡中的厕所时发现，里面仍然有 800 多年前的人类的粪便。粪便里满是**寄生虫**的残骸，这些寄生虫需要寄生在其他生物身上才能生存。

准备入侵

一只成年臭虫的大小和形状与一粒**苹果籽**差不多。

位于美国华盛顿特区的**美国国家自然历史博物馆**中有一座寄生虫藏馆，里面有2000 多万份寄生虫标本。

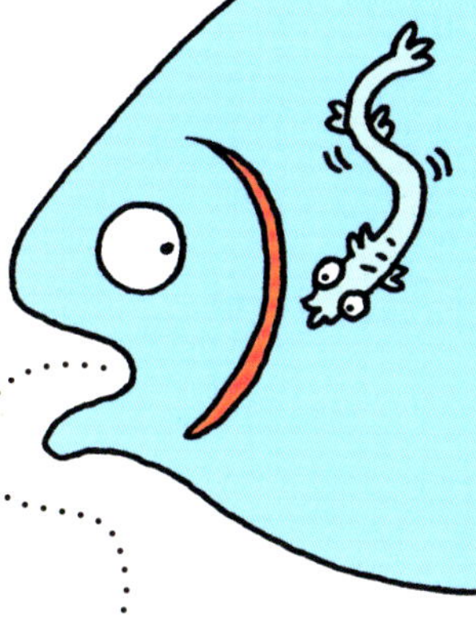

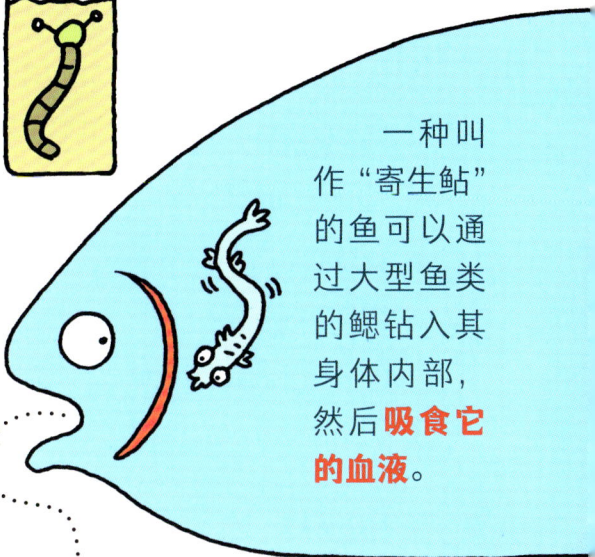

一种叫作“寄生鲇”的鱼可以通过大型鱼类的鳃钻入其身体内部，然后**吸食它的血液**。

有一种扁形寄生虫会使青蛙长出**额外的腿**。

科学家估计，一个人的身上可能生活着约 250 万只**螨虫**。

科学家在一项研究中发现，人类的**肚脐**中生活着 1000 多种此前未知的细菌。

跳转至第 96 页

我有点儿犯恶心

好多细菌！

胃痉挛可以使一个人

喷出呕吐物。

研究人员通过相关模拟实验发现，呕吐物的飞溅物扩散的距离甚至能超过一辆小汽车的长度。

呕吐物的气味和**帕马森干酪**的味道

是由同一种化学物质产生的。

一起说“起司”*

*“奶酪”在英语中是“cheese”，音译为“起司”。

蓝纹奶酪是用青霉菌（一般情况下是一种无害的**霉菌**）制成的。

伦敦的一家博物馆曾展出用**名人腋下**的细菌制作的奶酪。

科学家曾创造出一种尝起来像**口香糖**的奶酪。

去实地考察一下吧！

跳转至第 122 页

口香糖墙是美国华盛顿州西雅图的一个著名地标，墙上留有数十万块游客咀嚼过的口香糖。

一名美国女子**用鼻子**吹出了一个直径比足球还要大的口香糖泡泡，创下了世界纪录。

满满的艺术气息

跳转至第 170 页

一些科学家正在研究一块远古“口香糖”——桦树沥青样本上留下的唾液，它是在5700多年前被人**嚼过后吐出来**的。

吐出来

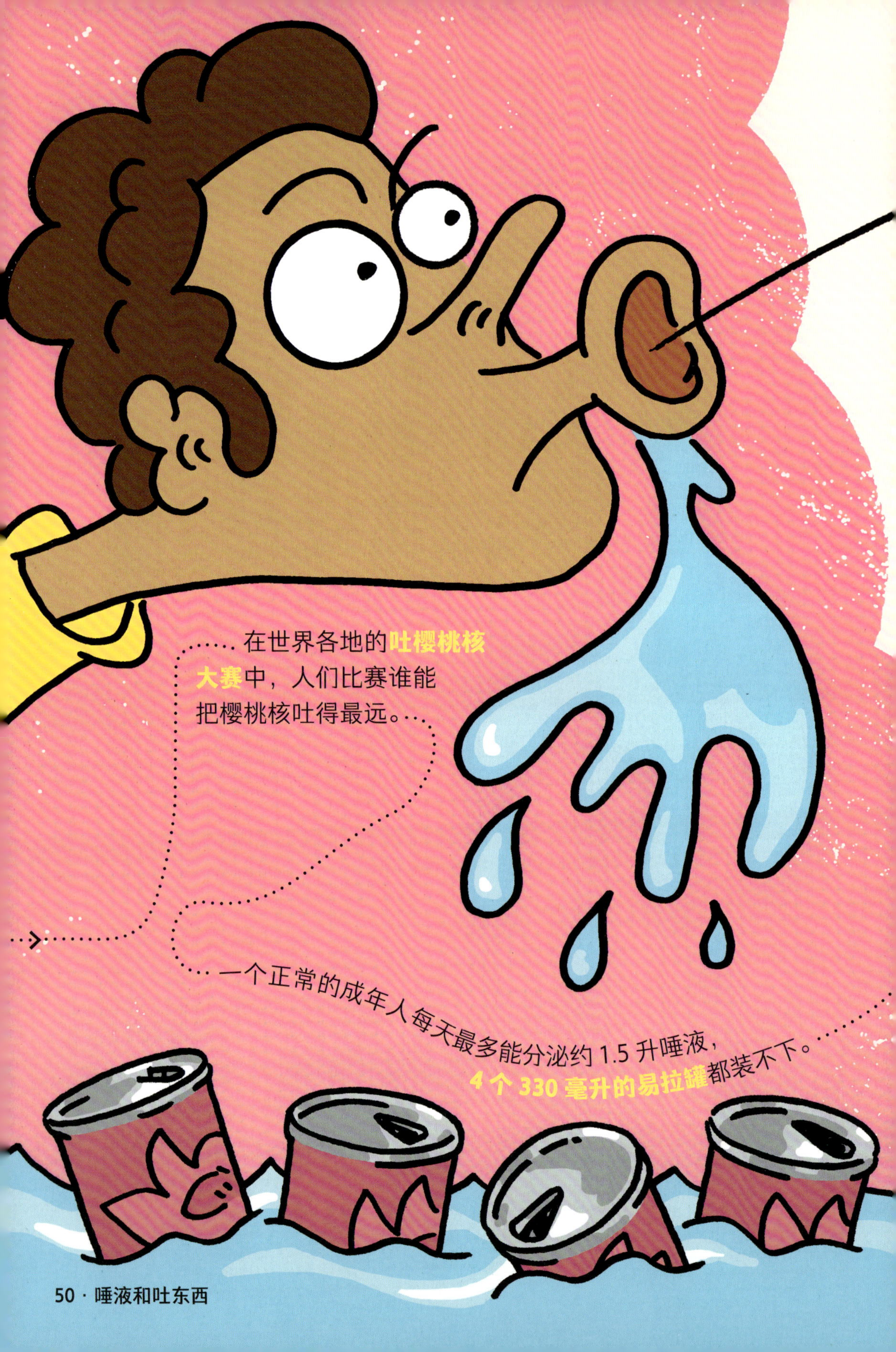

在世界各地的**吐樱桃核大赛**中，人们比赛谁能把樱桃核吐得最远。

一个正常的成年人每天最多能分泌约 1.5 升唾液，**4 个 330 毫升的易拉罐**都装不下。

跳转至第 176 页

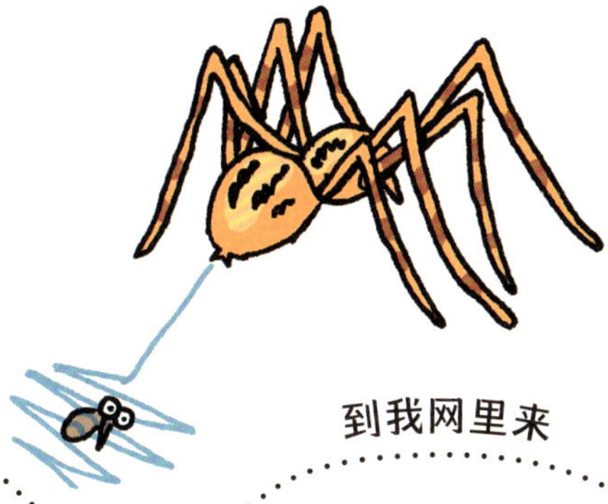

该洗澡了！

有一种蜘蛛会通过吐出**黏稠的丝**来捕捉猎物，将其困在原地。

到我网里来

猫梳理毛发时会**用唾液**及其中的细菌**覆盖自己的身体**。一项研究发现，每克猫毛中含有近百万个细菌。

你的唾液在你把食物咽下去之前就已经开始**分解**它了。

园蛛会吐出一种**特殊液体**并注入猎物体内，将猎物变成液体，然后再吸食猎物。

达尔文树皮蜘蛛可以织出**横跨一条河流**的大网。

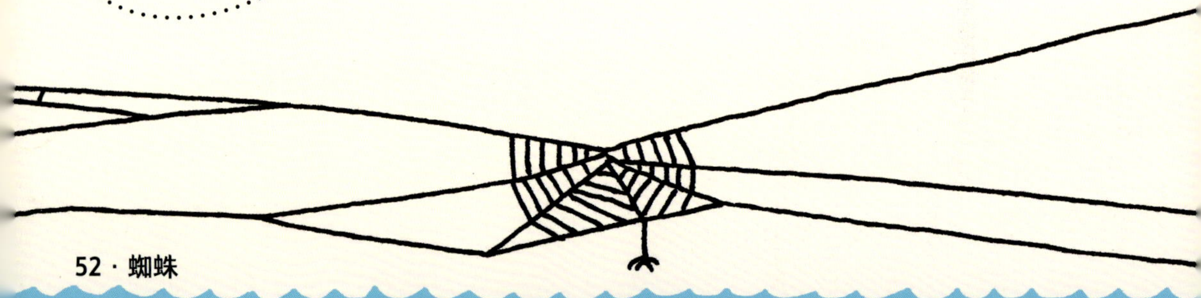

跳转至第 44 页
更多的呕吐物

美国国家航空航天局 (NASA) 曾将蜘蛛送入**国际空间站**。

发射升空

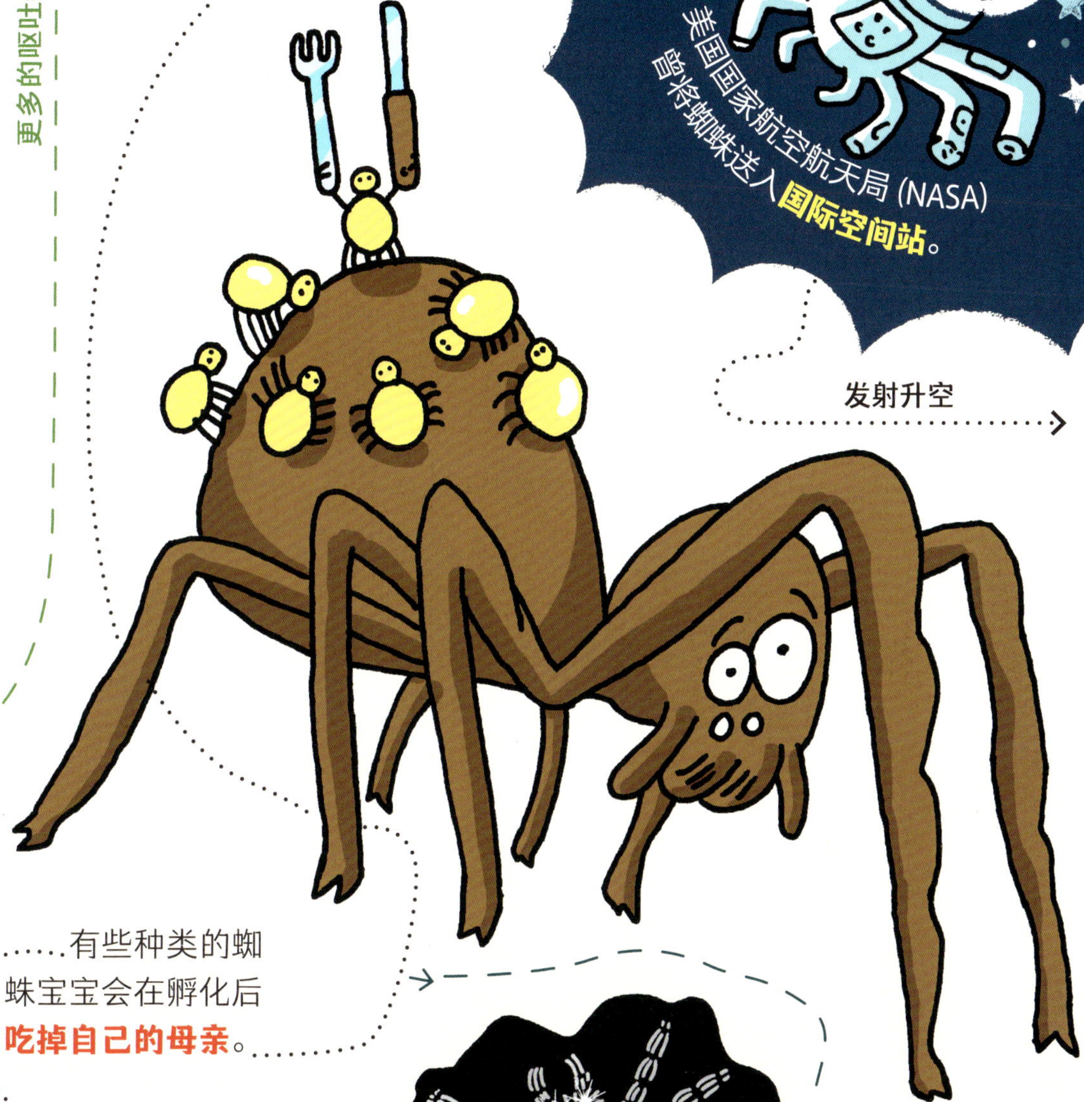

有些种类的蜘蛛宝宝会在孵化后**吃掉自己的母亲**。

科学家发现了一种具有反光的眼睛的古老蜘蛛的化石。即使是在 1.1 亿年后，这些**眼睛仍能反光**。

怎么什么都吃呀！
跳转至第 160 页

美国国家航空航天局（NASA）会使用一些模拟零重力环境的飞机来训练未来要进入太空的航天员。其中一架飞机让航天员们感到十分恶心，他们给它起了个绰号——

呕吐彗星。

航天员在太空行走时会穿着**特制的纸尿裤**，这样他们就可以在太空服里小便了。
由于人类释放的气体是可燃的，因此航天员在太空中**放屁**是很危险的。
不要燃着了
这些衣服真好看！

跳转至第 104 页

海牛体内有**特殊的小囊**，用于将屁储存起来，来帮助它们漂浮。当海牛想要潜得更深时，便会将屁放出来。

一头奶牛在一天内产生的气体足够充满 **30 个气球**。

到农场里去

海上的恶心行为
跳转至第 126 页

为了防止遍地都是**鸡粪**，一些农场主会给自己的鸡穿上特制的纸尿裤。

该鸟儿们上场了

跳转至第 174 页

澳大利亚一个农场的电力几乎都是由**猪粪和牛粪**提供的。

山羊和绵羊的上颌没有牙齿，而有一个被称为“齿枕”的**肉质突起**。

经过训练，羊驼可以在**专门的盒子**内大小便。

鸡的脑组织长在头部后侧靠近颈部的位置。因此，有一只鸡在看似没有头的情况下还存活了一年多。

咬一口吧！

跳转至第 98 页

你觉得自己的脑筋好使吗？

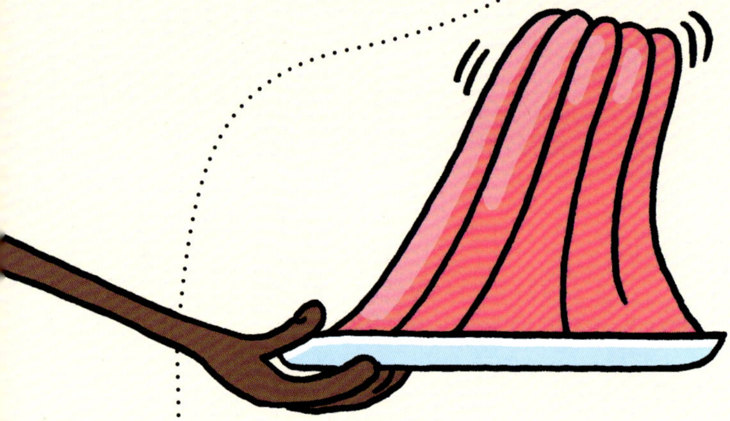

人类的大脑

软乎乎

的，几乎像柔软的粉红色果冻。

阿尔伯特·爱因斯坦（Albert Einstein）去世后，他的**大脑曾被**一个想研究它的科学家**偷走**过。

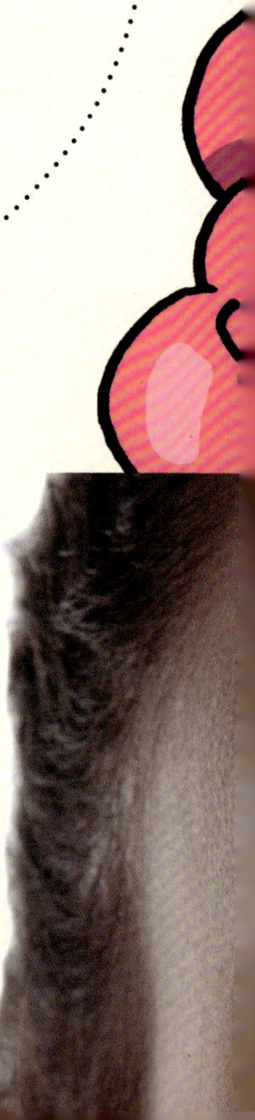

甜甜的
跳转至第 36 页

外科医生经常会在病人清醒的状态下为其进行**脑部手术**，这是因为大脑没有痛觉感受器，所以当大脑被触碰时，病人不会感到疼痛。这样做还可以随时观察病人的反应，以免手术损害大脑的功能。

早在公元前 10000 年，人类就已经在施行一种叫作“环锯术”的手术了。

施行这种手术需要在病人的头盖骨上**钻一个洞**。

跳转至第 14 页
更多的疗法

科学家制造了一个**机器人**，它可以**捕捉苍蝇**，并对其“大脑”进行微观手术。

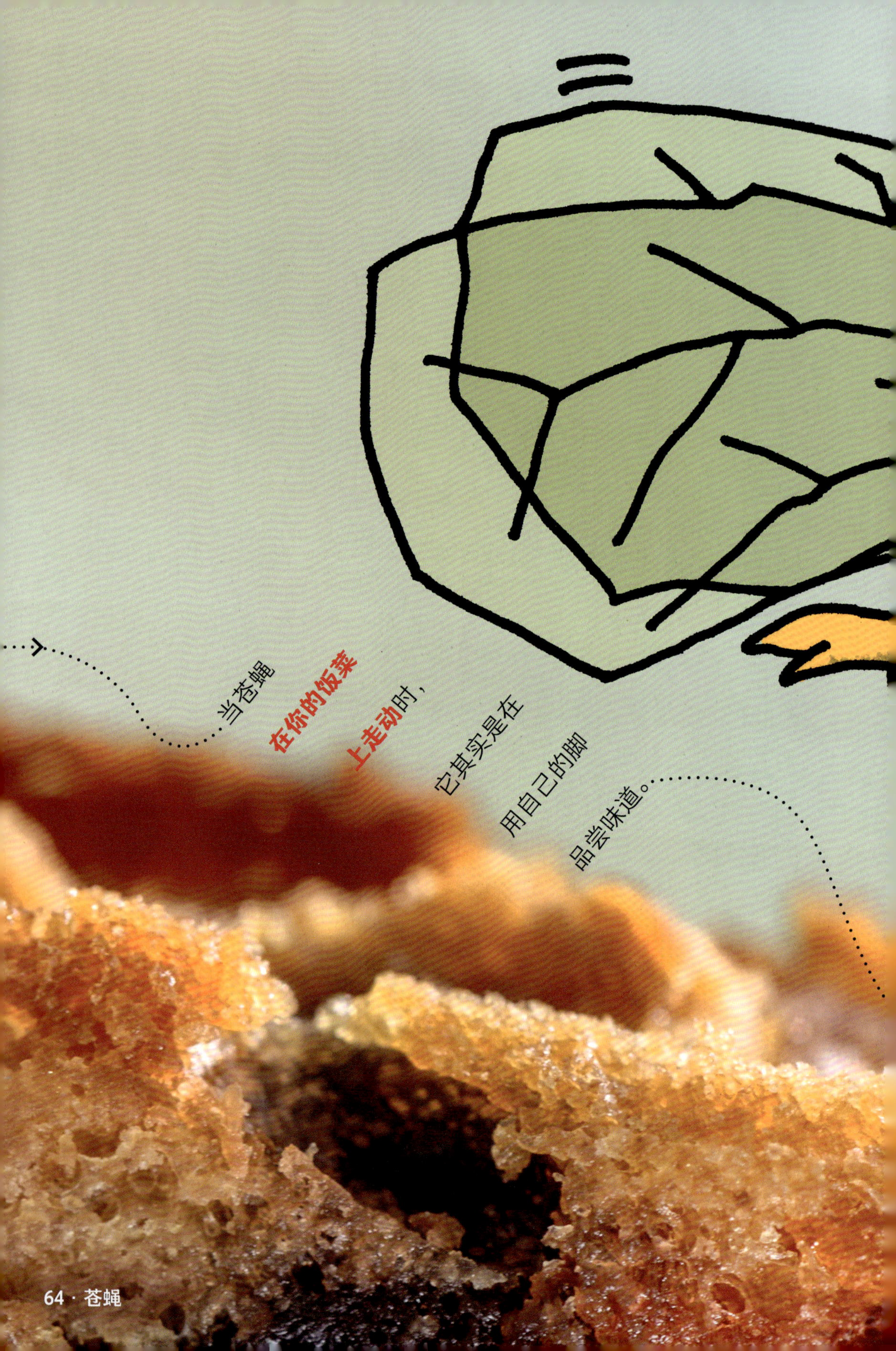

当苍蝇**在你的饭菜上走动**时，它其实是在用自己的脚品尝味道。

神奇的脚

为了使伤口愈合，**古罗马**医生有时会将动物**粪便**直接涂抹在病人的伤口上。

一位**古罗马**作家认为，一个人可以通过吞下一颗还在跳动的**鼹鼠**心脏来预知未来。

有一种名叫日本树莺的**鸟**，它们的**粪便**是一款热门面霜的重要成分。

来自其他**鸟**类的**呕吐**物构成了贼鸥的一部分饮食。

海巴戟果凭借难闻的**气味**为自己赢得了“**呕吐**果”的绰号。

蛞(kuò)**蝓**(yú)的足部被黏液所覆盖。

蛞蝓是一种可以入药的动物。早在中世纪**医生**就把蛞蝓汤作为某些毒药的解药。不过蛞蝓可能会造成过敏等不适，记住，不要随意触碰它们!

在古代，一些欧洲人认为佩戴**木乃伊**化的**鼹鼠**爪子或牙齿可以预防抽筋或牙痛。实际上，这种做法没有任何疗效。

57000 多年前，一匹狼被埋在了**泥浆**之中，形成了一具**木乃伊**。它几乎被完美地保存下来——虽然缺失了眼睛，但是全身仍然被毛发和皮革一般的皮肤覆盖着。

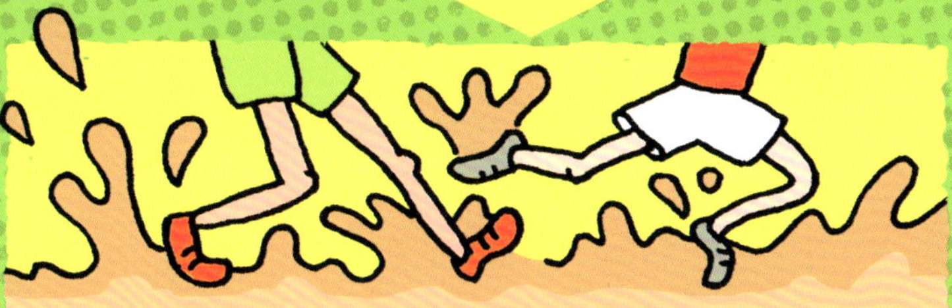

作为“强悍泥人”挑战赛的一部分，人们要在一条沾满**泥浆**的障碍赛道上奔跑 16 千米。

争夺金牌

一些**细菌**菌落可以在**恐龙**的骨头中生存，即使骨头变成化石，它们也能继续生存。

恐龙可能会被银杏果的腐烂**气味**所吸引。

欧洲中世纪的**医生**经常设法通过嗅闻或品尝病人的**尿**液来诊断病症。

在西班牙的某些地区，在**海**里撒**尿**是违法的。

一些**海**洋**细菌**是以石油为食的。

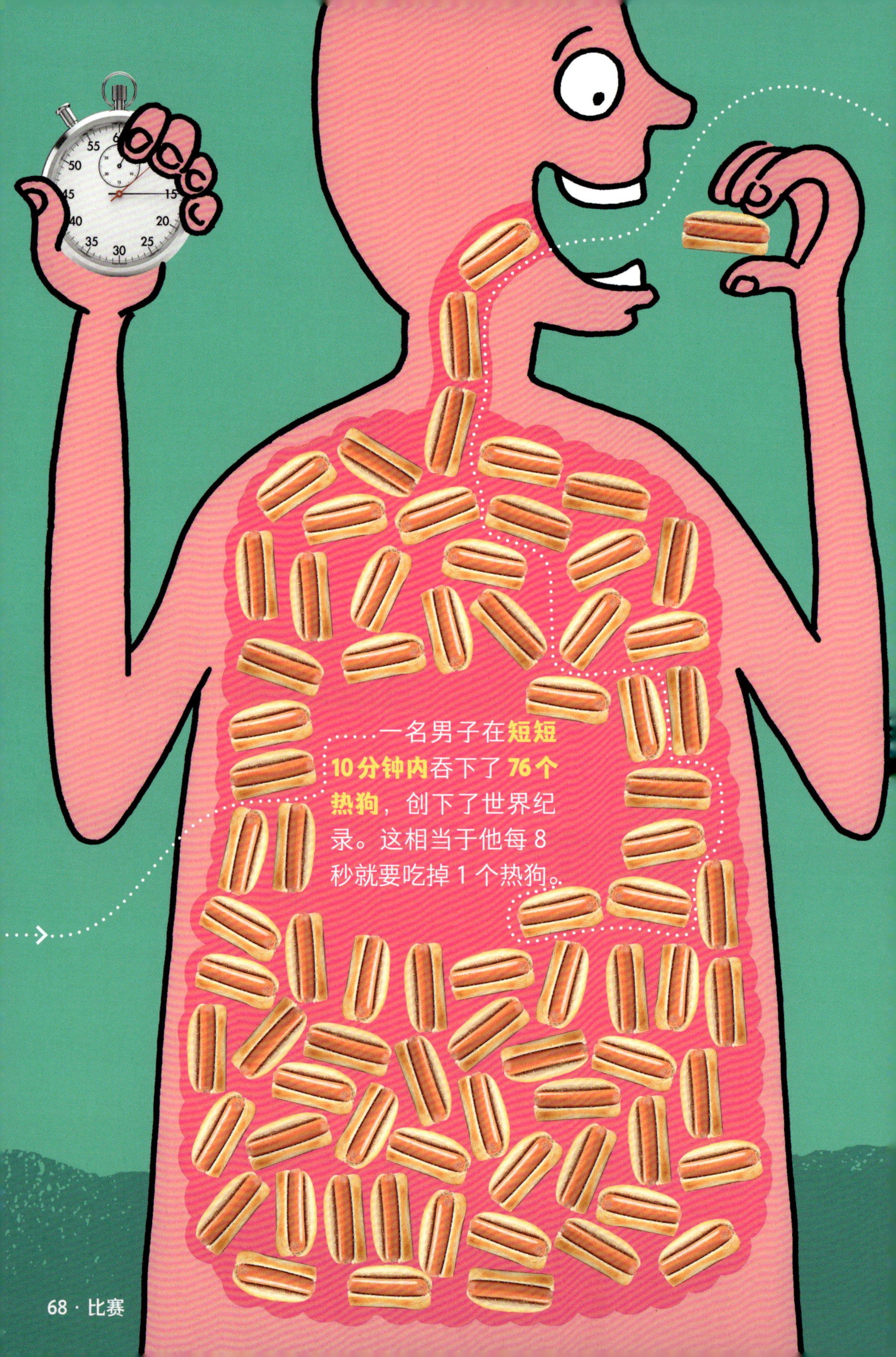

一名男子在**短短10分钟内**吞下了**76个热狗**，创下了世界纪录。这相当于他每8秒就要吃掉1个热狗。

跳转至第 106 页
一项新的纪录

在世界扔牛粪大赛上，参赛者都试图成为将**干牛粪**抛得最远的那个人。

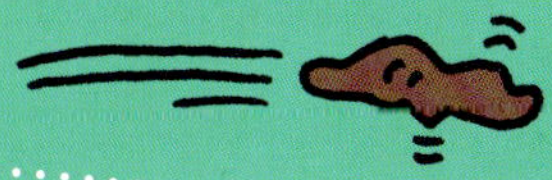

为了看看谁能**吃下最多的黄油**，有一个电视节目为此举办过一场比赛。

吃布丁比赛的参赛者们在比赛过程中不能使用自己的双手。

为了让人们了解昆虫，一些学校和博物馆会举办**蟑螂比赛**，看看谁的蟑螂更大，跑得更快。

准备好迎接蟑螂了吗？

跳转至第 138 页

我们可以吃饭了吗？

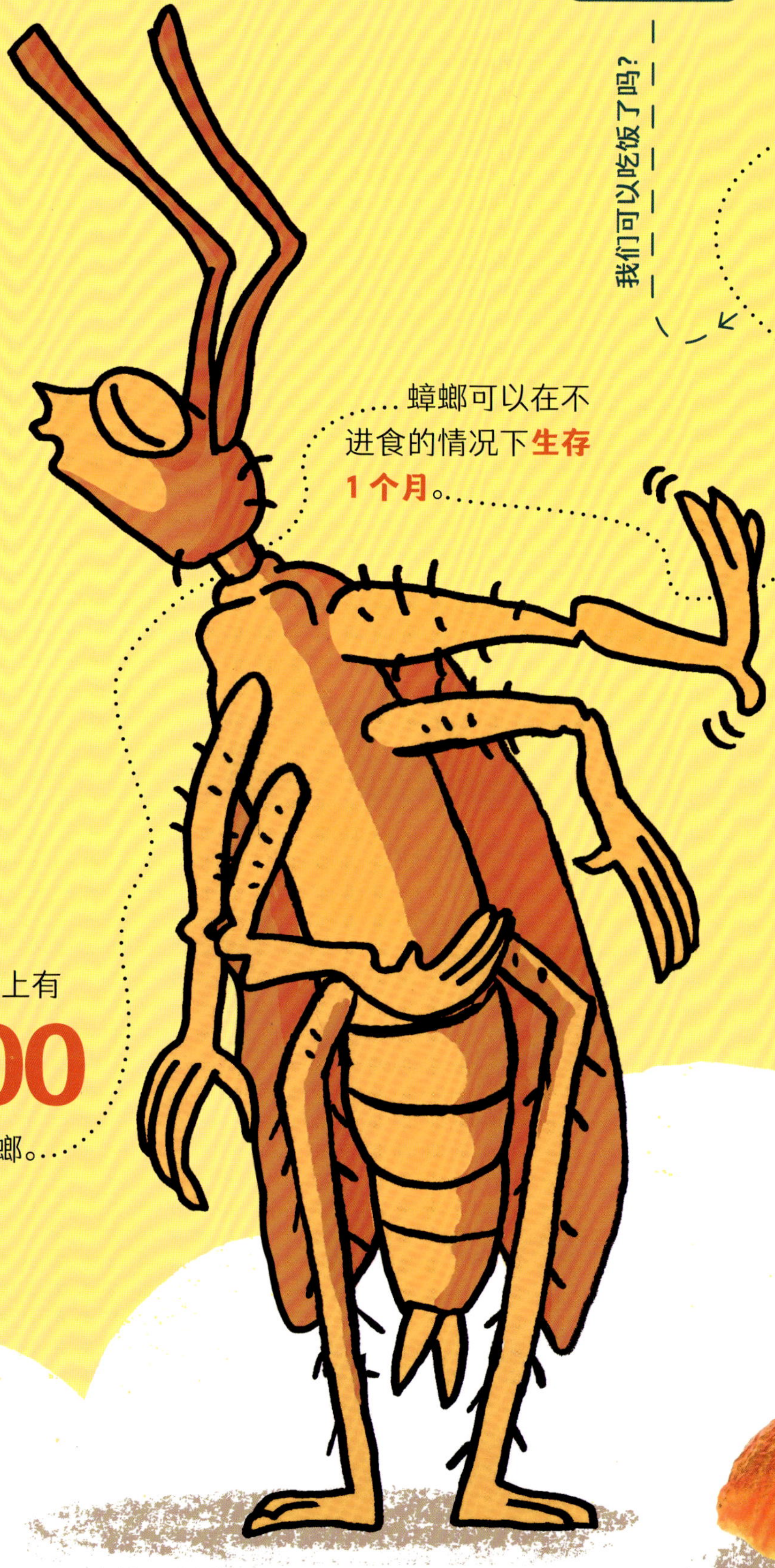

蟑螂可以在不进食的情况下**生存1个月**。

地球上有

4000

多种蟑螂。

这些都是什么垃圾？

有些城市不会将餐厨垃圾送往垃圾填埋场，而是将它们送到有着数十亿只饥饿蟑螂的**蟑螂养殖场**。在那里，这些蟑螂每天可以吃掉 50 吨食物——这比一头成年抹香鲸的体重还要重。

美国纽约的部分地区实际上是在巨大的**垃圾填埋场**之上建成的。

跳转至第 28 页

潜入地下

溅起一片水花

科学家发现了一些以塑料为“食”的微生物，它们或许可以帮助人类处理**海洋中的塑料垃圾**。

海星进食时会将**自己的胃**从嘴巴里**推**出来，然后将食物包裹住并消化掉。

其他器官
跳转至第 146 页

深海中的**沉船残骸**周围聚集着数千种微生物，其中包括嗜铁细菌。

为了干扰捕食者，一种深海虾会吐出发光的**呕吐**物。

科学家创造了一种**呕吐**机器，它能听从指令进行呕吐。

科学家正试图寻找一种能使大便**在黑暗中发光**的方法，以帮助识别疾病。

奇虾是生活在5亿多年前的**虾**类祖先之一，它们能长得比一只大型**犬**还大。

经过训练，有些**犬**类可以做到在想要大小**便**时先按铃。

粪**便**中可能含有一些人们难以消化的东西，如**玉米**粒的外壳——由一种很难被分解的物质构成。

蚯蚓有 5 个“**心脏**”。

有一些**蠕虫***可以**在黑暗中发光**。

*“蠕虫”在英语中为 worm，下一条的“蚯蚓”在英语中为 earthworm，都包含单词 worm。

有一种幽灵**虾**，你可以透过其半透明的身体看见它们跳动的**心脏**。

真正的怪兽

怪兽电影中的渗血镜头用的都是假血——往往是用**玉米**糖浆和食用色素制成的。

幽灵章鱼
几乎没有肌肉，因此
它们十分柔软。

跳转至第 8 页

摩门蟋蟀在集体迁徙过程中往往会相互吞食，尤其是那些有掉队倾向的更容易被其他蟋蟀吃掉。

大胆的防御

更多的植物

吸血鬼乌贼可以将自己翻个面——把带刺的下半身卷在身上，以此来躲避捕食者。

捕蝇草（一种**食虫植物**）可能需要两周的时间来消化一只昆虫。

嗜血的**暴龙水蛭**喜欢用自己巨大的颚从哺乳动物的鼻子里吸食血液。

臭菘通过自己的气味来吸引昆虫——据说它闻起来像臭鼬的屁和腐烂的肉。

一种叫作阿切氏笼头菌（又称“章鱼臭角”）的菌类所散发的**恶臭会将苍蝇引来**，这些苍蝇会尽情地享用覆盖在其上的黏液。

人工智能也许很快就可以在**科学家**的帮助下重现一些已成历史的臭味，比如几个世纪前预防瘟疫的草药味或工业气味。

科学家在巴西发现了一个有着4000年历史的白蚁“超级群落”，它所覆盖的**区域**大致相当于英国大伦敦地区。

有一种**机器人**是专门为捡拾狗**粪**而设计的。

蜣螂有时会在自己滚出的**粪**球上面**跳**舞。

有一种**跳**蛛，由于它黑白相间的条纹看起来很像**骨头**，与骷髅十分相似，所以得到了“骷髅蛛”的绰号。

骨头占据了胡兀鹫（jiù）饮食的绝大部分。这种鸟以动物骨骼和腐烂尸体（也就是**腐肉**）为食。

葬甲* 常常被**螨虫**所覆盖。

*“葬甲”在英语中为 Carrion beetles，上一条的“腐肉”在英语中为 carrion，都包含单词 carrion。

位于大西洋的大西洋马尾藻带是迄今为止发现的最大**藻**华，它在极盛时覆盖了8850千米长的**区域**。

河流中的入侵性**藻**类又被称作“岩石**鼻涕**”。

为了研究**细菌和病毒**是如何传播的，科学家制造了一个咳嗽**机器人**。

鼻涕在你生病时可能会变成绿色，这是因为你的身体产生了更多的白细胞和绿色的铁离子，以抵御入侵的**细菌和病毒**。

房屋里的**灰尘**通常由污垢、纤维和人的**皮肤**碎屑组成。

荨(xún)麻疹是一种常见的**皮肤**病，患者通常有明显瘙**痒**的感觉。

从中世纪后期开始，有关礼仪方面的书籍在欧洲开始流行，其中一些书籍的主要内容就是告诉人们在吃饭时不要放屁、挖鼻孔或抓**痒**等。

回到中世纪

某些种类的**螨虫**生活在**灰尘**中。

欧洲中世纪的侍从通常会使用**沙子**和**尿液**的混合物来清洗骑士的盔甲。

我的天哪!

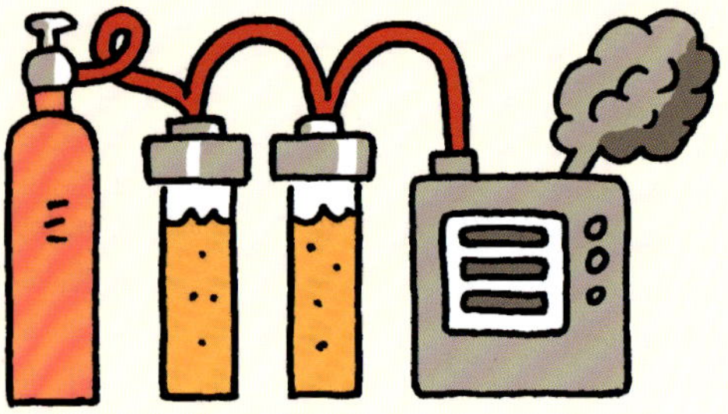

为了完成学校的一个课题，一群来自尼日利亚的女孩发明出了一台可以由尿液驱动的**发电机**。

曾经有一名炼金术师发现，**煮沸**、**烧干人类尿液**能够得到一种在黑暗中发光的物质。

古罗马的洗衣工会在**大桶的尿液中**清洗衣物。

其他工作

跳转至第 24 页

跳转至第 118 页

恐龙来了

尿液曾经被用于制造**火药**。

有的学者认为，地球上目前所有的淡水都曾被**恐龙**喝进去又尿出来过。

堆积在一起的**猪粪**上有时会形成一种可以自发爆炸的泡沫。

一般来说，鲸死亡后会沉入海底。但是，如果鲸的尸体被冲上岸，**气体**便会在它**体内积聚**，而且可能会使其爆炸。

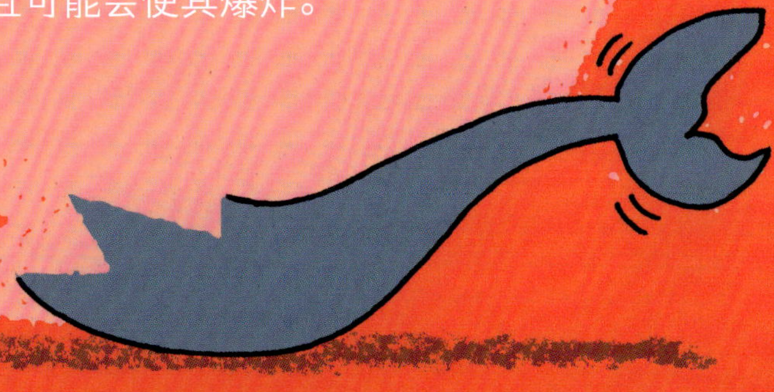

跳转至第 56 页

这边有更多气体！

臭鸡蛋有时会

爆炸。

好多蛋啊！

跳转至第 128 页
大批侵扰者出没!

双领鸻（héng）的蛋与**羚羊的粪便**十分相似。为了不被捕食者发现，这种鸟通常会在羚羊粪堆附近产下一枚蛋。

威氏行军蚁的**蚁后**能在短短 25 天内产下 300 万~400 万粒卵。

雌性戴胜会往自己的蛋上喷洒一种**散发臭味的油状液体**，以保护蛋免受有害细菌的侵害。

考古学家在英格兰的一次发掘中意外地**敲开了**有着 1700 多年历史的臭鸡蛋。

皱鳃鲨宝宝还在母体内的时候就会从卵中孵化出来，然后通过吞食自己的卵黄来获得持续的营养。

继续向前游

一些**体形较小的鱼**时常以鲨鱼的粪便为食。

一些科学家认为鲨鱼的粪便是**绿色**的。

在出生之前，沙虎鲨宝宝们通常会在妈妈的子宫内**互相残杀**。

是时候照看一下孩子了

树袋熊宝宝是以它们妈妈的一种液态便便为食的。

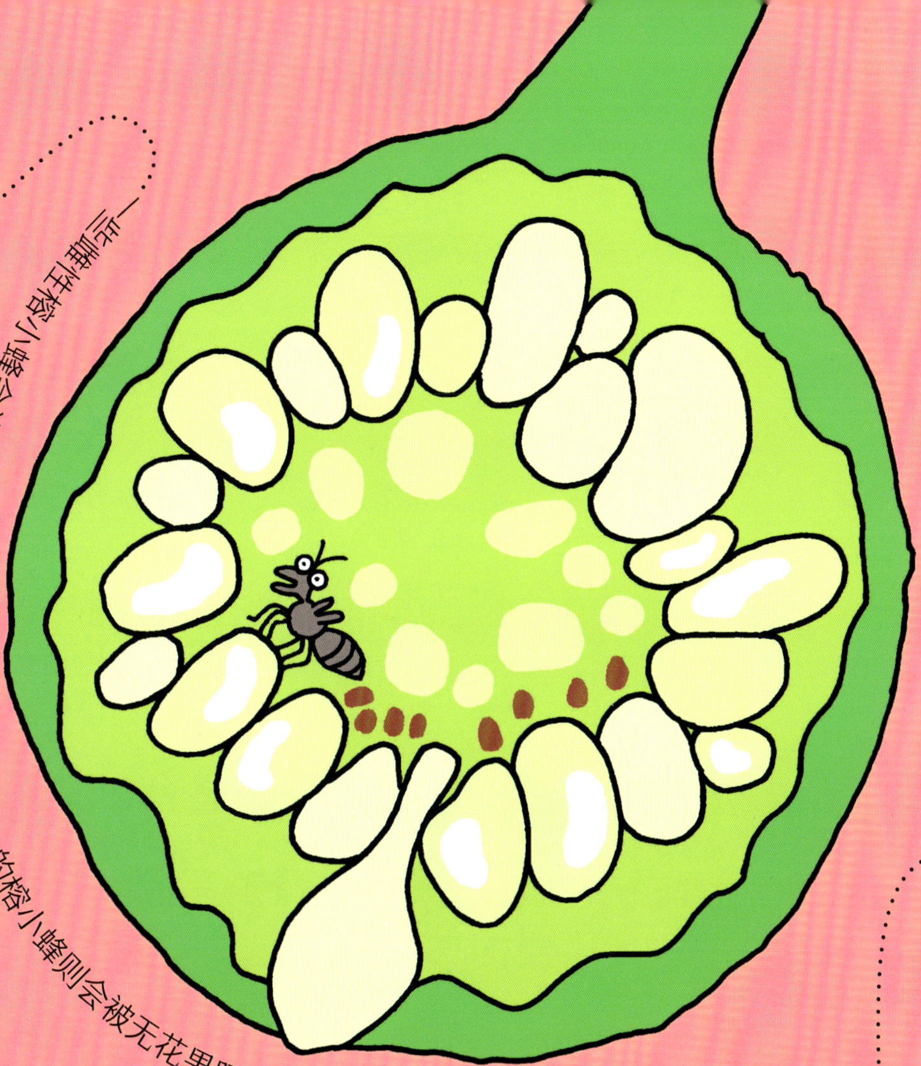

一些雌性榕小蜂会进入**无花果肉**产卵，产卵后死亡的榕小蜂则会被无花果吸收掉。

有益的细菌

为了进一步了解人类肠道中的天然细菌是如何影响大脑发育的，科学家正在研究婴儿使用过的**尿不湿**中的细菌。

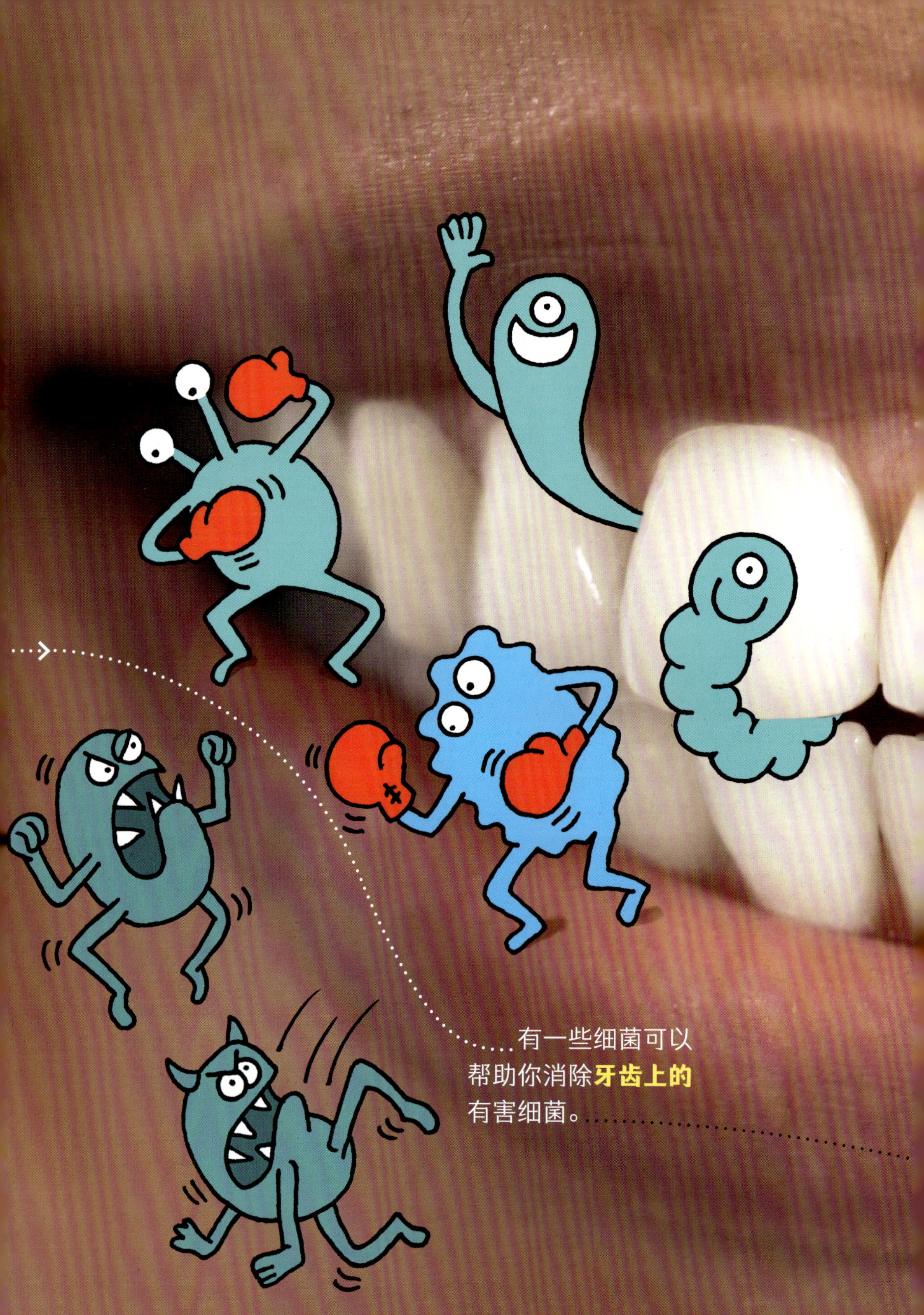

有一些细菌可以帮助你消除**牙齿上的**有害细菌。

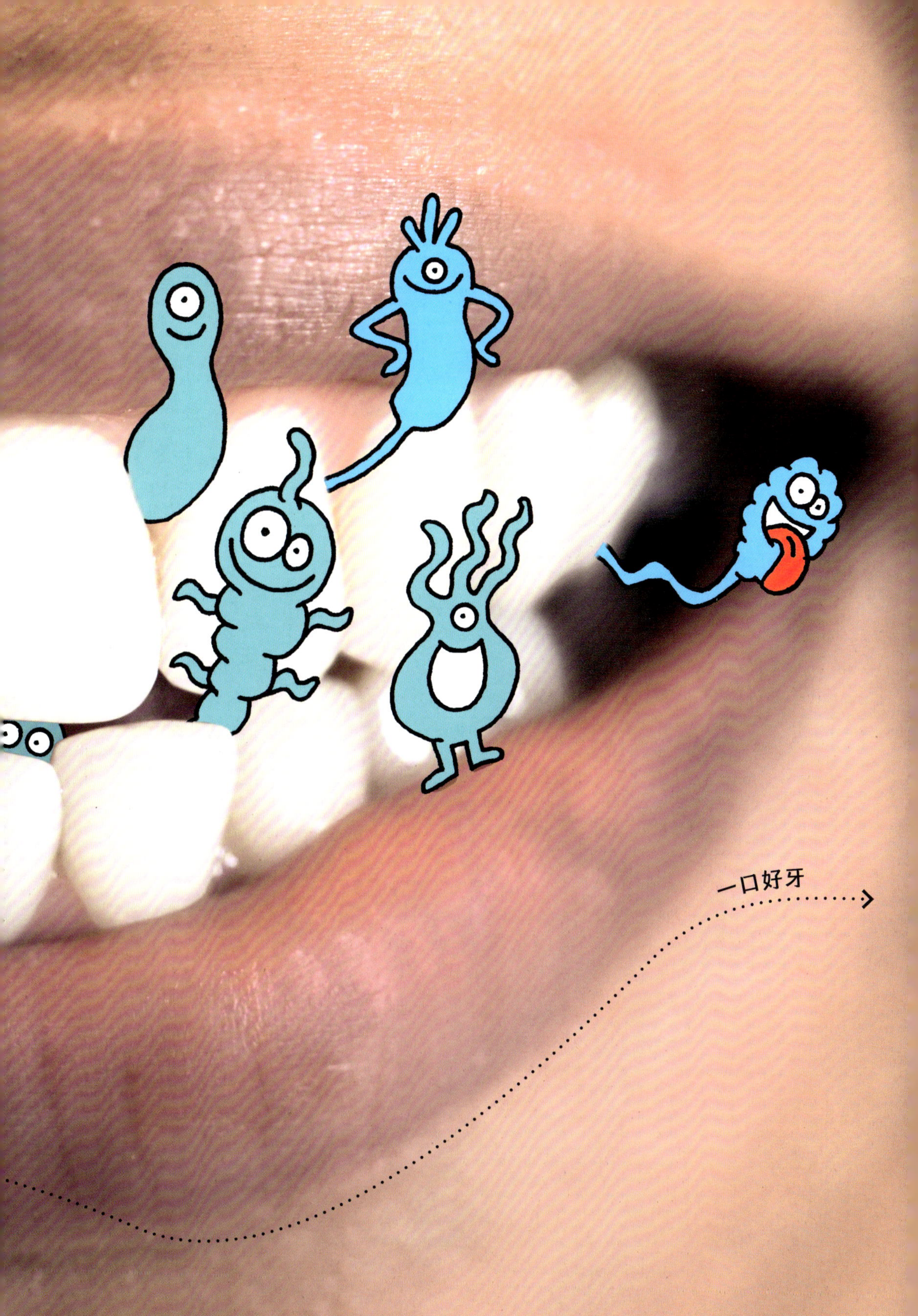
一口好牙

蜗牛有数以万计的“牙齿”。

根据爱尔兰的一个传说，把一只**青蛙**放进**嘴里**舔过之后，再将它完好无损地取出来，就能治好牙痛。但这种说法没有科学依据，请不要模仿。

一起跳跃

有古生物学者认为，比7个篮球还要重的史前**魔鬼蛙**可能是以恐龙幼崽为食的。

为了补充营养，许多蛙类会将自己**蜕去的外皮**吃掉。

有些蛙类生活在**大象粪便**里。

负子蟾是通过背部**皮肤上的囊**生孩子的。

海蟾蜍有时会**同类相食**，尽管它们对其他动物来说是有毒的。

从后面看

味道怪怪的

跳转至第 112 页

腋下还有什么？
跳转至第 172 页

蜂猴通过舔自己**腋窝**附近的腺体来为锋利的牙齿裹上毒液。

有些鼩(qú)鼱(jīng)会用自己的毒液来**麻痹蠕虫**等猎物，然后趁它们还活着的时候把它们吃掉。

研究人员正在试验用蛇毒中提取的成分来生产洗涤剂，因为它能够去除衣服上的顽固血渍。

穿什么好呢？

蠕动前行
跳转至第 148 页

在第二次世界大战期间，尼龙短缺。因此，一些女性会将化妆品和**肉汁或可可粉**等食品涂抹在腿上，再用眉笔在腿上画出丝袜的条纹，以代替真正的丝袜。

设计师开发出了一种由**蘑菇**的菌丝制成的“皮革”。

跳转至第 32 页
更多化妆品

曾有 8251 人同时**更换尿不湿**，他们创下了一项世界纪录。

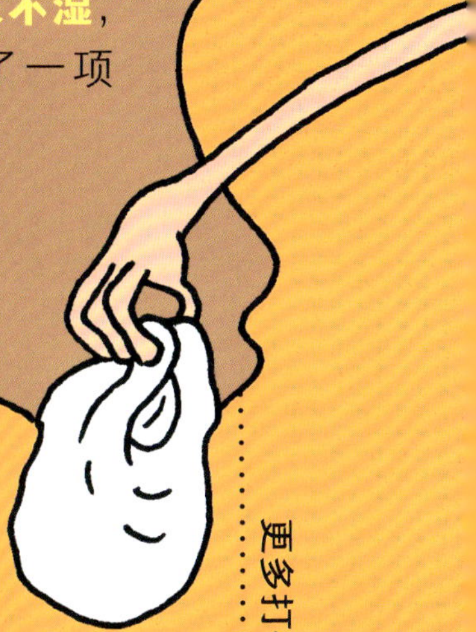

更多打破纪录者

一位设计师用**牛粪**制作出了服装面料。

英国的一名男子曾经创造了一项在 1 分钟内用脚趾踩碎 **60 枚鸡蛋**的世界纪录。

美国的一名男子将棉花糖**从自己鼻孔中**发射进了 5 米开外的一名女子口中，创下了世界纪录。

土耳其的一名男子保持着一项可以将**牛奶**从自己眼睛里**喷射**出来的纪录。不过，这个动作很危险，可不要随意模仿哟！

跳转至第 192 页

跟着你的鼻子走

请往这边走

英国伦敦的一名男子只用嘴就移动了超过 17 千克的**蛆虫**，创下了世界纪录。

美国俄亥俄州的一名女子保持着一项**闻脚**次数最多的世界纪录：她在测试足部产品时闻过大约 5600 只脚。

㺢(huò)㹢(jiā)狓(pí)是一种与长颈鹿有亲缘关系的有蹄类哺乳动物，它们的四个蹄上各长有一个腺体——能够分泌出一种

黏稠的、

带有香味的

黏液，

这些液体会在它走过的地方留下痕迹。

狗爪上的无害细菌使它们
闻起来像玉米片一样。
汪汪汪！

一般情况下，狗在大便时喜欢面朝**北方或南方**。它们对地球磁场十分敏感，因此可以辨别方向，但科学家并不确定狗为什么要这样做。

有的狗妈妈有时会将自己吃过的**食物吐出来**，然后让狗宝宝们吃掉。

你身后是什么？

狗可以通过**嗅闻**其他狗的**臀部**来了解对方的年龄、健康状况和情绪。

到厕所去
跳转至第 38 页

饴（yí）弄蝶幼虫的臀部可以将**粪便颗粒**射出 1.5 米远。

袋熊的臀部是由盔甲一般的软骨组成的。在躲避捕食者时，袋熊有时会逃到自己的洞穴里，并用**坚硬的臀部**堵住洞穴入口。

有一种海洋蠕虫的“臀部”长有**一对眼睛**。

菲茨罗伊河龟可以通过自己的“臀部”来**呼吸**。

我看到了！

蜻蜓幼虫是通过将水吸入臀部，然后再将其射出去的方式在水中移动的。

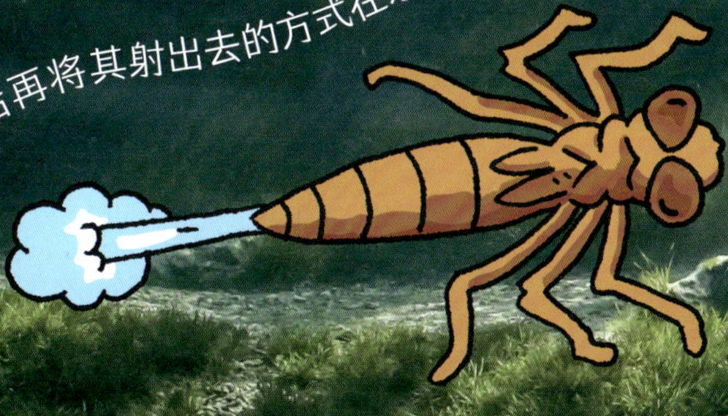

“目眵（chī）”是**眼屎**的医学术语。

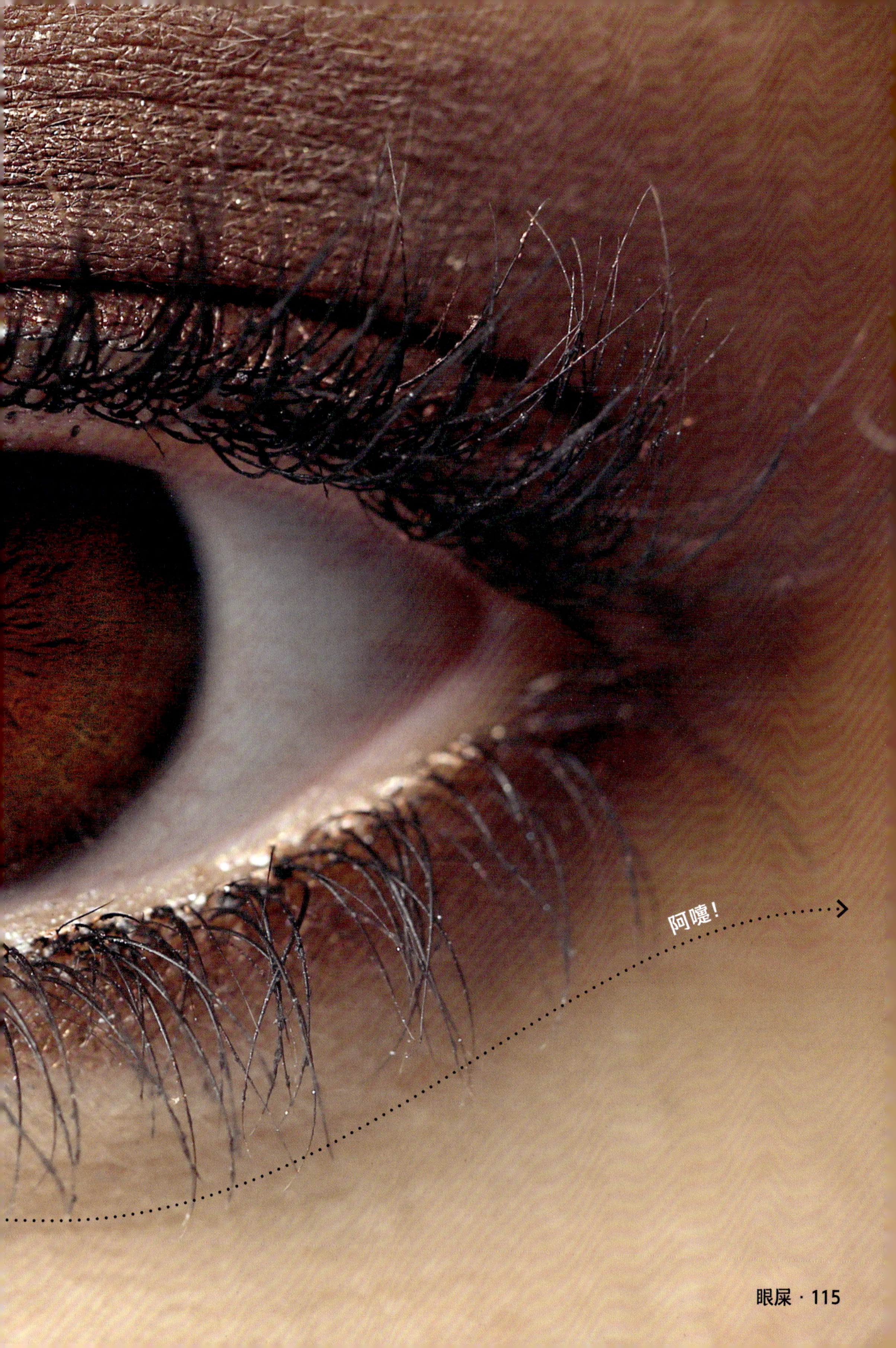
阿嚏!

长颈鹿可以用自己的长舌头来**挖鼻孔**。

鼻涕石是一种菌落的别称，它们自洞穴顶部滴下，看起来就像悬挂着的鼻涕。

据一位古生物学家的计算，一只霸王龙**打喷嚏**时很可能会流出足以装满一个小鱼缸的鼻涕。

深挖恐龙的故事

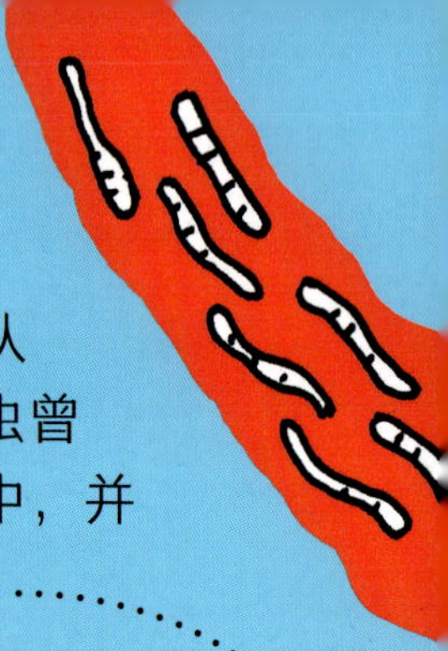

科学家发现了**血虫**的化石。他们认为这种微小的寄生虫曾生活在恐龙的血液中，并以恐龙的骨头为食。

电影《侏罗纪公园 3》中的**恐龙粪便**是用燕麦片制成的。

有些恐龙身上的

跳蚤

约是今天的跳蚤的 10 倍大。

一名男子**收藏**了1200多块恐龙粪便化石。

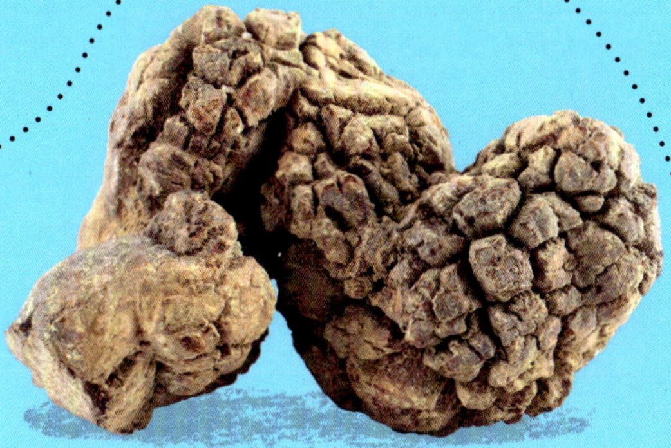

扑通！

一些科学家通过研究恐龙的皮肤化石了解到，与许多其他爬行动物不同，恐龙的**皮肤**不是一次性**脱落**整块或大块的，而是分小块脱落的。

更多寄生虫

跳转至第 40 页

一项研究发现，无论何时，**蛇**的粪便都可能占据它们体重的 5%~20%。

平均而言，每个人**身体**内部的**细菌**数量与细胞数量大致相同。

灯眼鱼的视觉**器官**内有一种可以使其眼睛发出蓝光的**细菌**。

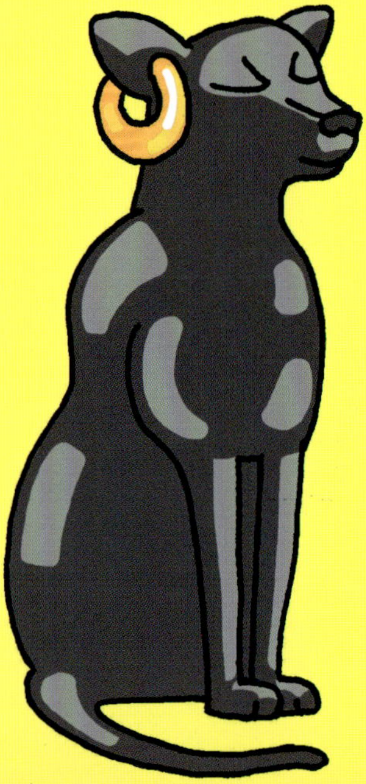

考古学家在一个猫形雕像内发现了一具木乃伊猫的**身体**，这个雕像的右耳曾经戴着一只**金**耳环（现已丢失）。

奇美拉是希腊神话中的怪物，**传说**它的尾巴是一条活**蛇**，背上长着一个山羊头。

传说埃及艳后克利奥帕特拉七世（Cleopatra Ⅶ）经常用驴**奶**洗澡。

根据俄罗斯的民间传说，把一只**青蛙**放在牛奶桶中可以使牛**奶**保持新鲜，但这种做法很不卫生。

有些种类的**青蛙**是不会呕吐的。相反，它们会把胃这一**器官**整个推出来挂在嘴外，将其清空后再吞回体内。

一个据说价值约 125 万美元（约合人民币 897 万元）的 18K **金马桶**被人从布莱尼姆宫内盗走，至今仍未被找回。

苏拉布国际**马桶**博物馆位于印度新德里，那里展出着有关世界各地马桶历史的展品。

正在展出中

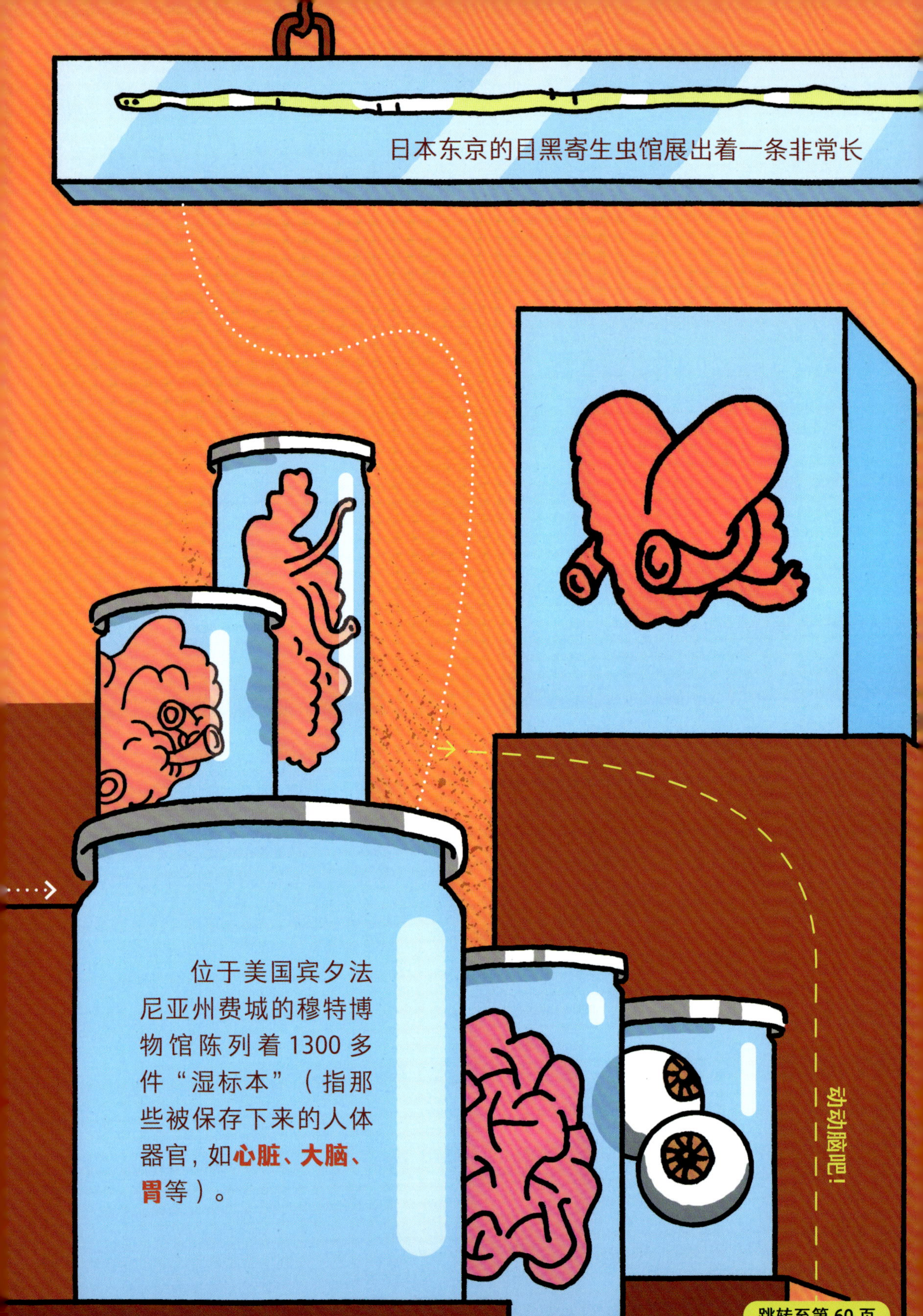

日本东京的目黑寄生虫馆展出着一条非常长

位于美国宾夕法尼亚州费城的穆特博物馆陈列着 1300 多件“湿标本”（指那些被保存下来的人体器官，如**心脏**、**大脑**、**胃**等）。

动动脑吧！

跳转至第 60 页

的**绦虫**和一个长满蠕虫的海豚胃。

美国密苏里州的一座博物馆陈列着由**人类头发**制成的花环、胸针、戒指、手镯等艺术品。

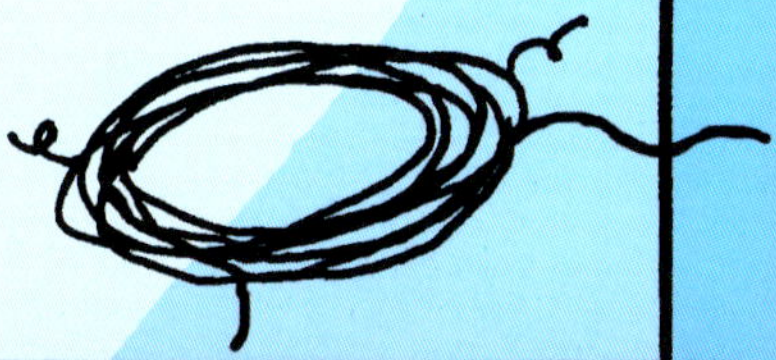

毛骨悚然

位于澳大利亚塔斯马尼亚州的便便博物馆**收藏**着许多不同动物的**粪便**。

在法国巴黎的下水道博物馆，游客可以参观巴黎的部分**下水道系统**。

跳转至第 142 页

穿到这里来

18 世纪的法国贵族妇女有时会佩戴高达 60 厘米的**高耸假发**，并在上面裹一些面粉和油脂，这些东西会招来跳蚤和虱子，有时甚至还会引来老鼠。

古埃及人认为在人的头顶揉搓一条在黏土中煮过的蠕虫可以**治疗秃头**。*

*这种说法没有科学依据，请不要模仿。

跳转至第 62 页
外科医生已就位

在美国马里兰州的美国国家卫生与医学博物馆，游客可以看到一个**巨大的毛球**，它是从一个人的胃里取出的。

为了防止头发在出海时被船上的设备夹住，18 世纪的**水手和海盗**往往会将焦油涂抹在自己的头发上，来起到定型作用。

扬帆起航

几百年前，西方水手通常会使用麻绳末端来**擦拭屁股**。

储存在船上的压缩饼干经常会被蛆虫和象甲侵袭，因此获得了“虫堡”的绰号。

发生了虫害

美国佐治亚州有一座住宅曾经被**10 万多只蜜蜂**侵扰过，它们生产的蜂蜜有足足 27 千克！（这些蜜蜂已经被安全地转移至一个蜂巢。）

一些房屋曾受到**蛇群**的侵扰。它们会在房屋下面筑巢，并在墙体里爬行。

有一种虱子专门侵扰
猫。
喵喵喵！

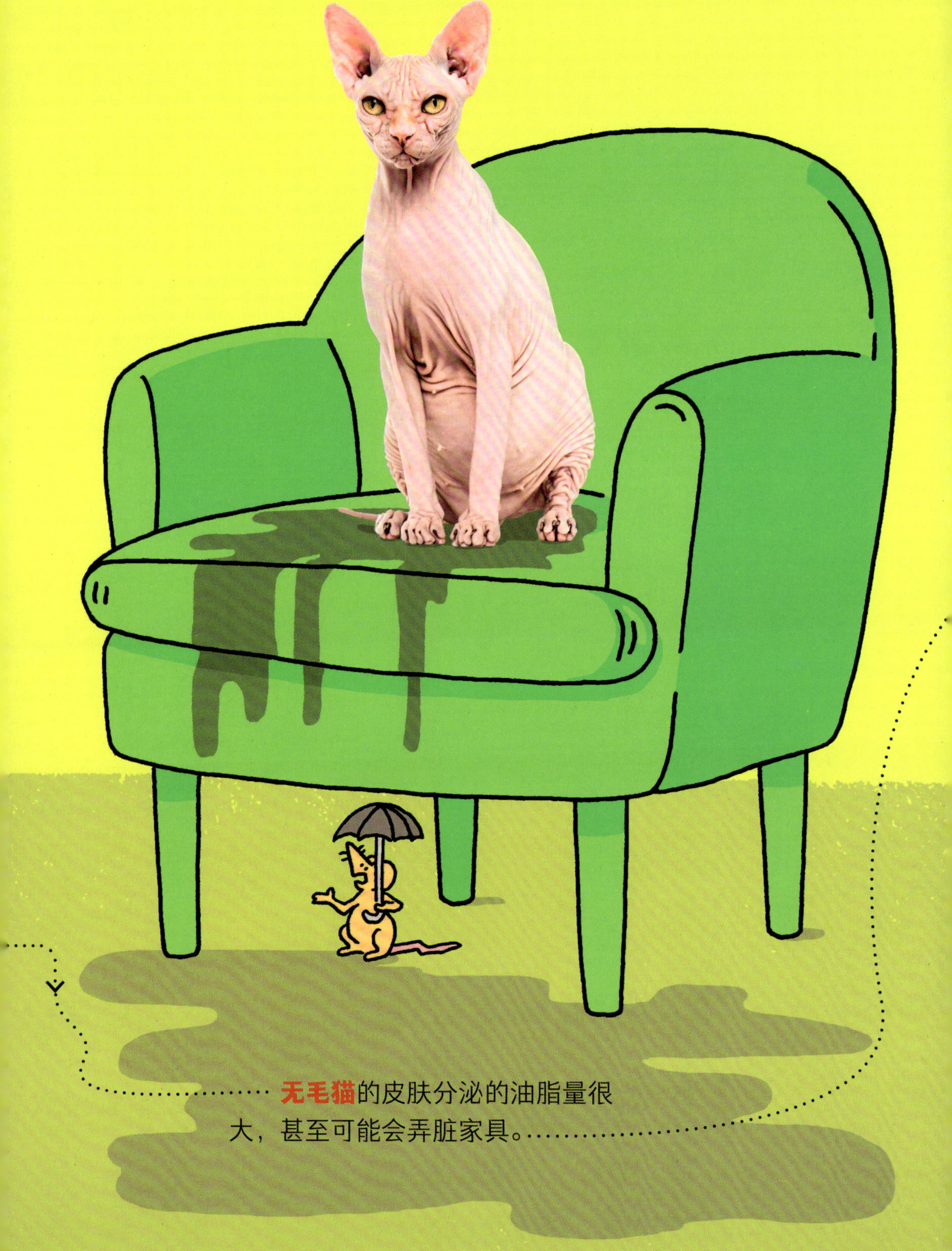

无毛猫的皮肤分泌的油脂量很大，甚至可能会弄脏家具。

跳转至第 188 页
汗如雨下

有些猫喜欢人类

耳屎

的味道。

洗耳恭听

鲸的**耳屎**会随着时间的推移不断累积，形成一个类似耳塞的东西。一些体形较大的鲸可以生成长达 25 厘米的“耳塞”。

在欧洲，中世纪时期的人们有时会用**耳屎**来调制一种能够让颜料和墨水更好地附着在手稿上的混合物。

有一些螨虫是以**兔子耳朵**中的油脂为食的。

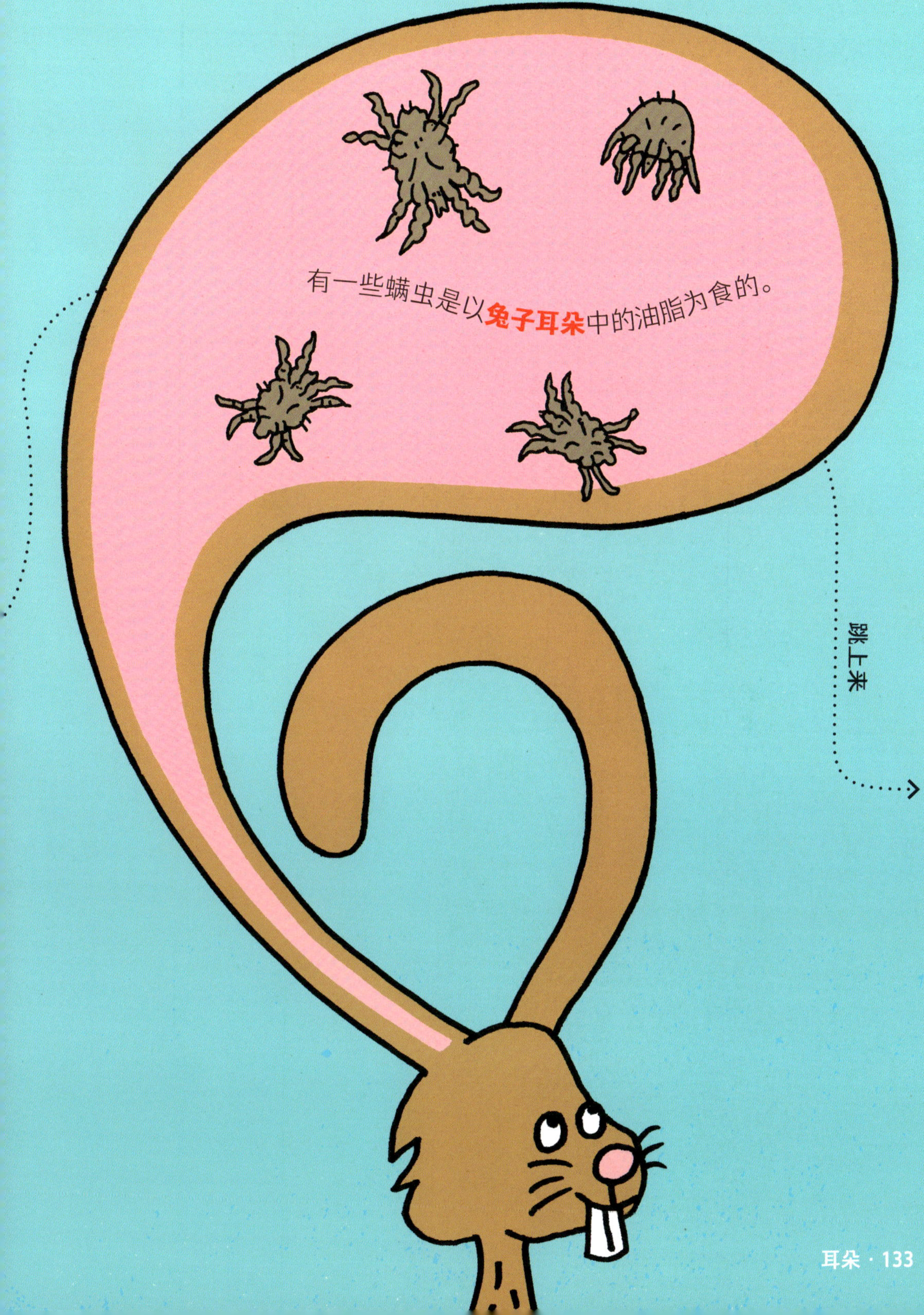

兔子会拉**两种便便**：一种便便是硬的、圆形颗粒状的；另一种便便较软，兔子会吃掉它们来获取营养。

一般情况下，兔子是不会呕吐的。
喀喀！

古生物学家发现了已被保存了 900 多万年的史前鲸类的呕吐物。

露脊鲸的粪便是橘红色的。

斯基泰弓箭手有时会在战斗前将箭头在一种由粪便制成的混合物中蘸一蘸。

雄性鸭嘴兽的后腿踝部有可以分泌毒液的腺体。

鸭嘴兽是没有胃的。被咀嚼成糊状的食物会直接从其嘴部进入肠道，不会经过胃酸的分解。

马的胃部可能会同时被数百只马胃蝇寄生。

有些苍蝇会通过割下蚂蚁的头部来将其杀死。

一位著名哲学家的木乃伊标本在伦敦一所大学展出了近 200 年。但是在这期间，他的头颅总是被恶作剧般地偷走，所以学校将其锁在了一个保险柜里。

为了在**战斗**中**保护**自己，欧洲中世纪时期城堡中的士兵有时会将热沙泼向进攻者。

为了**保护**自己的蜂巢免受胡**蜂**的侵害，日本蜜蜂会将胡蜂包围起来，并利用自己的体温将其热死。

一只亚洲大黄**蜂**的翼展甚至能长达一个成年人**手**掌长度的二分之一。

在19世纪末、20世纪初的北美洲，人们有时会通过涂抹过期的酸奶油来**治疗手**部皮肤皴裂、生疮。

科学家正在利用蛇、水母和蜘蛛的**毒液**开发**治疗**多种疾病的方法。

美国一所**大学**的科学家找到了一种方法，可以将细菌和藻油转化成制作**鞋子**的材料。

美国内华达州拉斯维加斯的一家餐厅用**鞋子**代替盘子装菜。

准备好点餐了吗？

跳转至第 132 页

你没听错!

拉脱维亚有一家以医院为主题的餐厅，那里供应的食物的形状都类似**人体器官**，如舌头和眼球。

脑子

在美国艾奥瓦州一家以**僵尸**为主题的餐厅里，食客们可以点有着诡异名字的汉堡包。该餐厅之前的特色菜是一道特制汉堡包，这个汉堡包里夹着一些看起来很“血腥”的食物，如番茄酱意面、焗豆等。

一位化学家为了好玩儿而设计了一款**香水**，它的味道闻起来像腐烂的肉，为的是使喷了这种香水的人可以伪装自己，从而躲避“僵尸”。

有种寄生蜂会将卵产在毛毛虫的体内。当幼虫孵化后，它们便会**控制毛毛虫**，将其变成一具“僵尸”，迫使其保护它们。

猫可以利用自己粪便中的一种寄生虫把老鼠变成“僵尸”。这种寄生虫进入老鼠的大脑后，会使其**丧失对猫的恐惧感**，并被猫的尿液所吸引。

有一种蠕虫可以控制蜗牛的眼睛和“大脑”。它们会在蜗牛的眼柄里**舞动**，以此来吸引饥饿的鸟，然后借此机会住进鸟的肚子里。

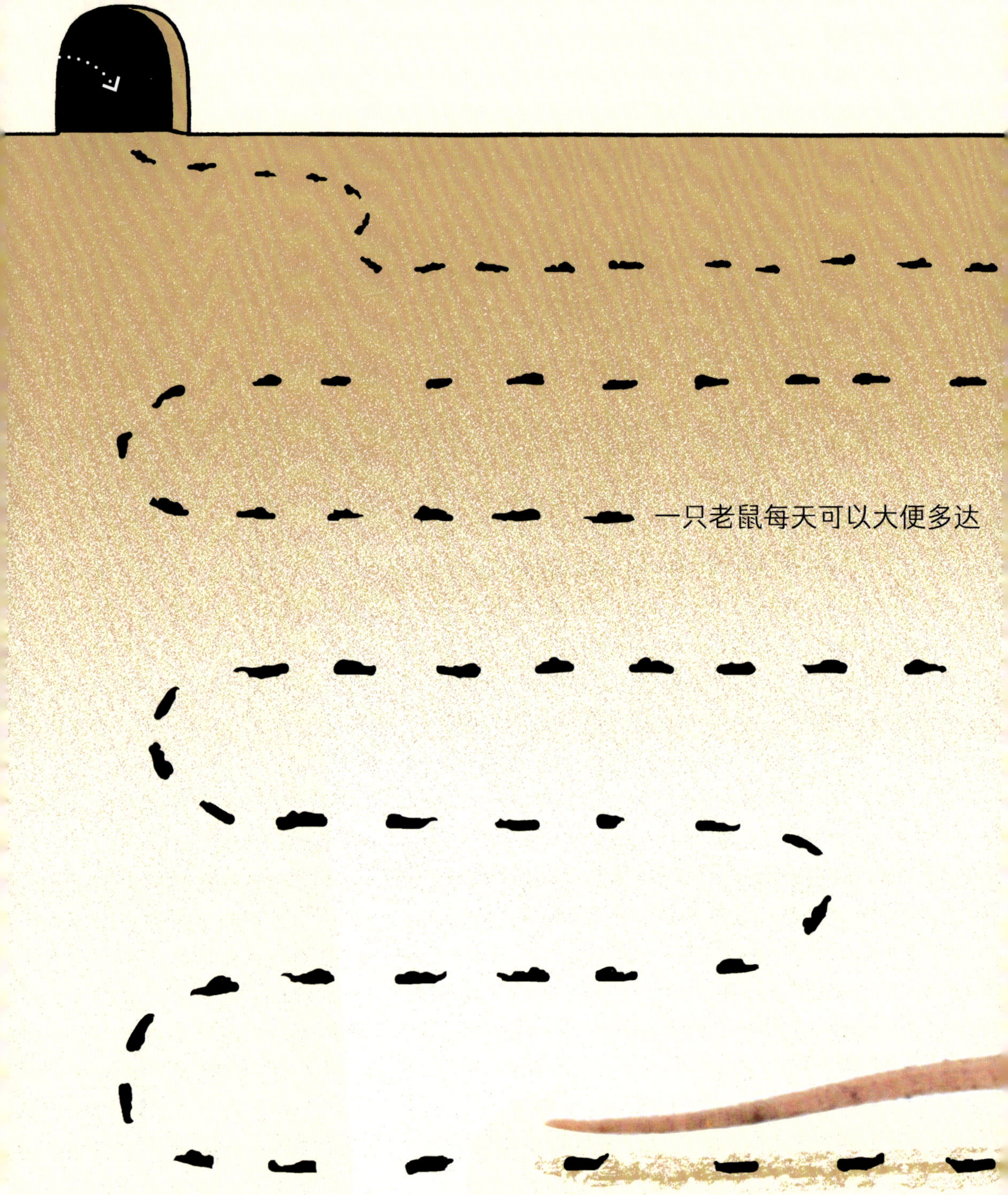

一只老鼠每天可以大便多达

100 次。

不好意思

老鼠是不会**打嗝儿**的。

跳转至第 54 页

发射升空

有史以来**最长的嗝儿**持续了 1 分 13 秒多。

航天员在太空中打的嗝儿通常都是“**湿嗝儿**”，这是一种混合了空气与他们胃里的食物或液体的物质。

如果你打的嗝儿闻起来像**臭鸡蛋**，那是因为你胃里的空气与硫化氢（一种由大肠中的细菌产生的气体）混合在一起了。

让我们进去看看

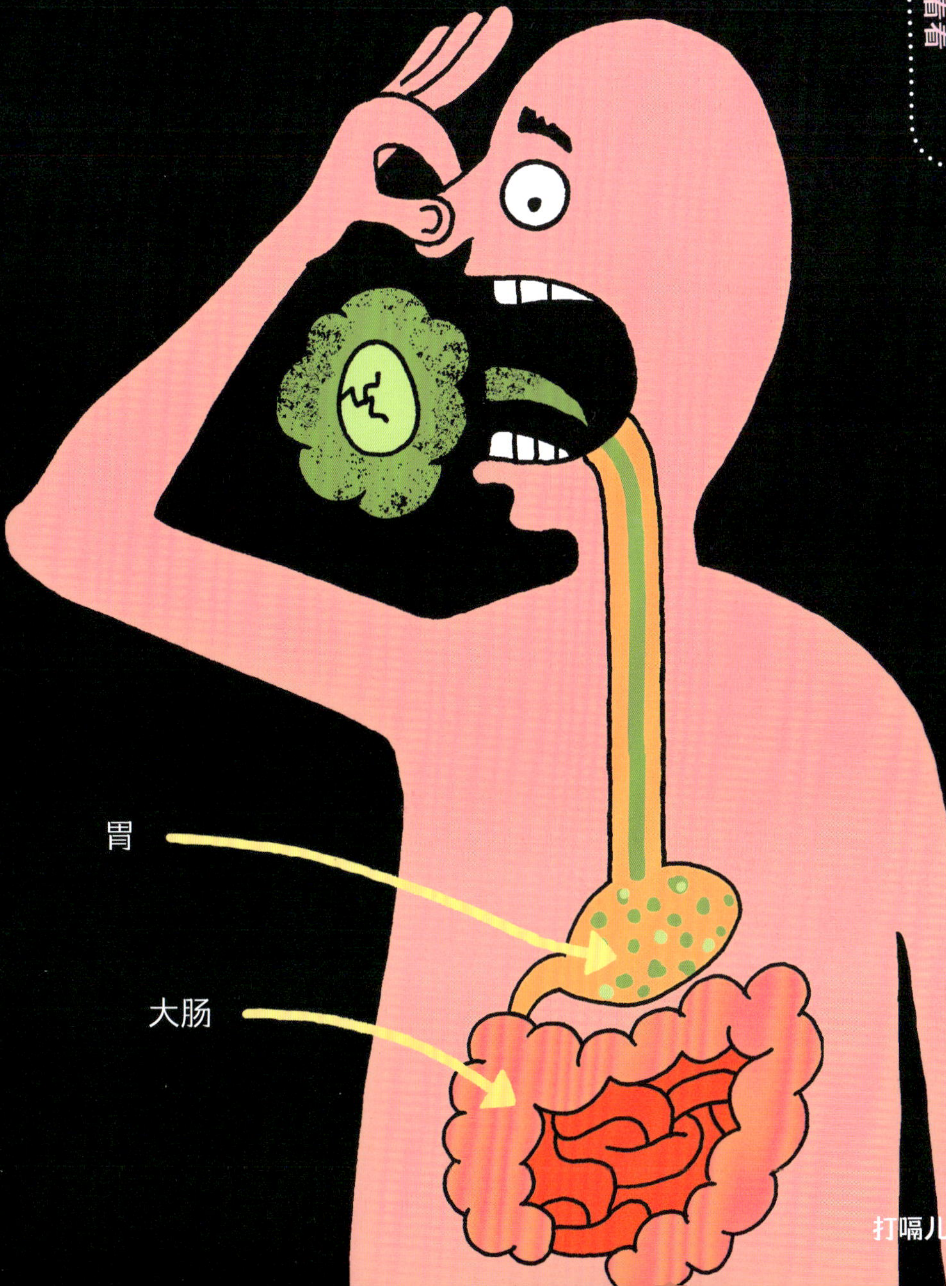

……**人类的肝**每天产生的胆汁（一种有助于消化食物的液体）几乎可以装满一个容量为 0.9 升的牛奶盒。……

说到乳制品……

跳转至第 46 页

当你坐**过山车**时，你的内脏其实也在体内跟着移动。

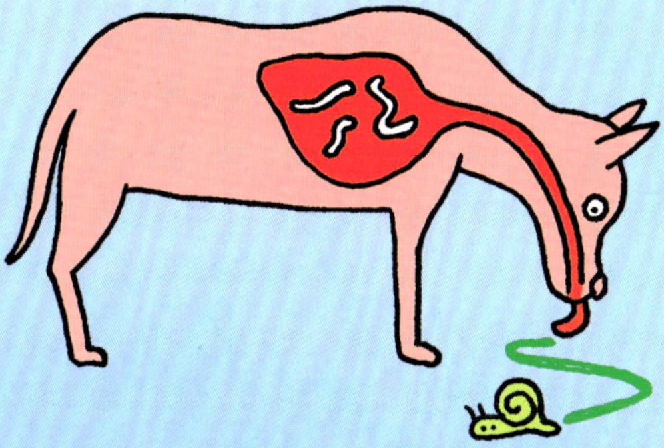

......有一种蠕虫生活在动物的肺里。比如，当狗狗吃了被这种蠕虫感染的蛞蝓、蜗牛等动物，或者哪怕只是**舔**过一些被感染动物留下的**黏液痕迹**后，这些蠕虫就会进到狗狗的肺里。......

更多蠕虫

澳大利亚有一种**亮蓝色**的蚯蚓。

泥泡蠕虫寄生在牡蛎和蛤蜊等海洋软体动物体内，它们会**钻入这些软体动物的外壳**，并在其中挖出一个网状隧道。

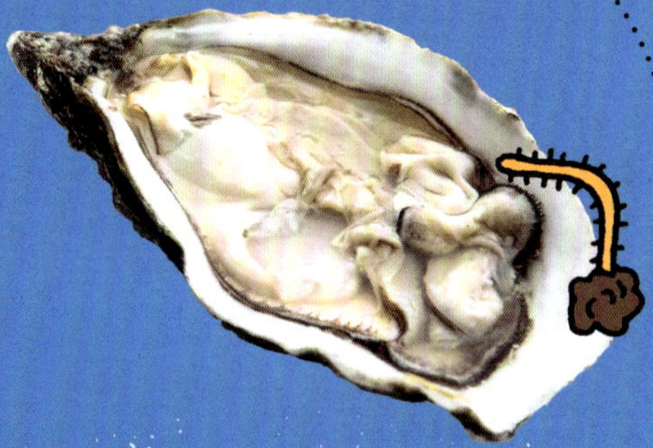

真涡虫的**头部**在被切断后可以**重新长出来**，而被切断的头部也可以再生出一个全新的身体。

猪臀蠕虫是一种微小的深海蠕虫，因为形似猪的臀部而得名。

更多关于臀部的内容

跳转至第 112 页

前往澳大利亚

在澳大利亚发现的**吉普斯兰大蚯蚓**可以长得比大多数成年人的身体还要长。

一种来自新几内亚岛的石龙子（一种**爬行动物**）拥有绿色的**骨头**。

生活在澳大利亚的袋獾会吃掉并消化掉猎物的每一部分，包括它们的毛发和**骨头**。

目前已知的自然界中最坚固的物质是在一种海洋**蜗牛**的**牙齿**中发现的。

蛇有时会被**蝎子吃掉**。

有些被鸟类**吃掉**的**蜗牛**可以在被排出体外后仍然存活。

许多**爬行动物**都有胃石，也就是说，它们会吞下**石**块来将胃里的食物磨碎。

一块被业余化石爱好者发现的棕色岩**石**原来是恐龙**大脑**化石的一部分。在中国，如果发现了古生物化石一定要立即报告相关部门哟！

螳螂有时会吞食**鸟类**的**大脑**。

有些**鸟类**（如鸡）可能一出生就因基因突变而长有**牙齿**。

远古时期，生活在水下的一种“**蝎子**”——板足鲎（hòu），能长得比一个成年人还要大。

真够大的！

一些犀牛会**在同一地方排泄**，形成

在 400 万~200 万年前，南美洲生活着一种

地球上最大的生物是生长在美国俄勒冈州的一种巨大的**寄生真菌**，

的粪堆从一边到另一边长达 20 米。

巨型啮齿动物，它的体形与一头公牛差不多。

真菌真奇怪

它们的菌丝在地下可以覆盖超过 9 平方千米的面积。

跳转至第 148 页
真正的蠕虫在这边

体癣（ringworm）其实是一种由真菌引起的感染，并不是由蠕虫（worm）造成的。人患上体癣后身上会留下瘙痒的圆环状的皮疹。

多形炭角菌俗称“**死人的手指**”，是一种生长于腐木上的黑色块状真菌。

关于“不死之身”
跳转至第 140 页

红星头菌

长有许多被黏液覆盖的“触手”，这些黏液所散发的恶臭会吸引昆虫，从而帮助它们传播孢子。

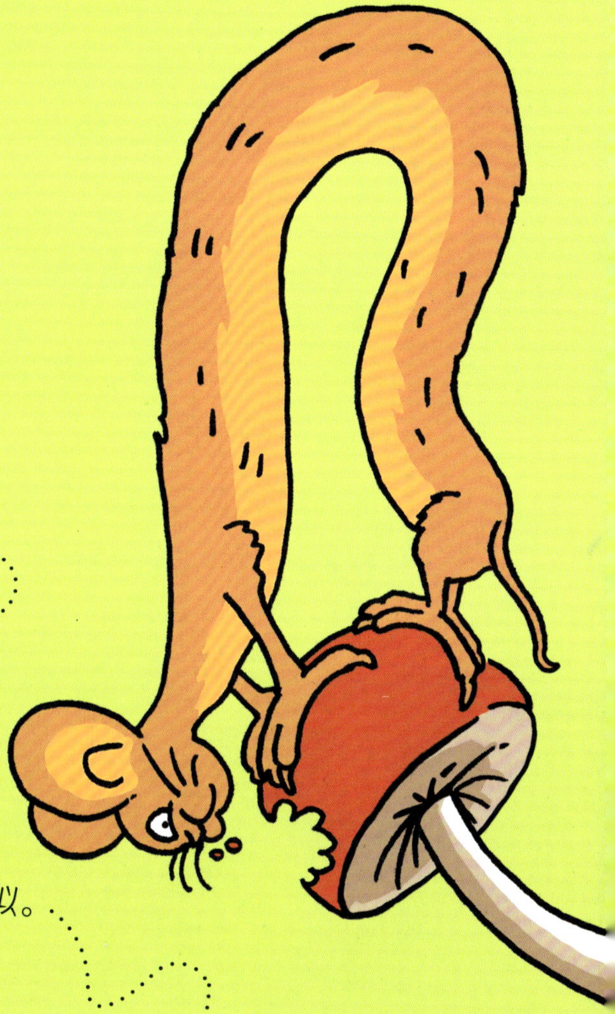

鹿花菌具有极强的毒性，它的外形与**人类的大脑**十分相似。

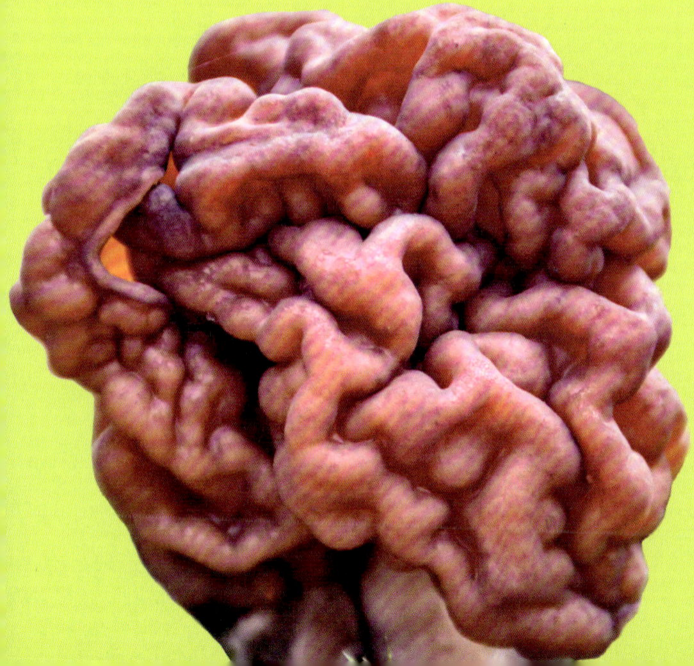

传说美国东北部有一种名为“瓦帕鲁西”（Wapaloosie）的**生物**，它长得很像毛毛虫和啮齿动物的结合体，以**吞食蘑菇**为生。

天啊！

在澳大利亚的一些神话中，有一种类似吸血鬼的吸血生物，**它们一半是人的模样，另一半则形似青蛙或水蛭**。

根据南非的民间传说，闪电鸟（Impundulu）是一种可以通过**点燃自己的脂肪**来制造闪电的鸟。

传说美国宾夕法尼亚州的沼泽地里游荡着一种名为**斯奎克**（Squonk）的**神秘**生物，它们长有蹼状的脚掌、猪一样的鼻子，松弛的皮肤上布满了赘疣。

怪异的脚
跳转至第 108 页

霍达格（Hodag）出没于美国威斯康星州。据说它们长着青蛙的脸、公牛的角和恐龙一样的背，闻起来像臭鼬和腐烂的肉。

在古希腊神话中，
戈尔贡（Gorgons）是长有翅膀的

蛇发女妖。

据说，她的头发是很多缠绕在一起的毒蛇，她的目光会将注视她的人变成石头。

嘶嘶嘶！

蛇有时生来就有**两个头**。

它们可能会相互攻击，甚至试图吃掉对方。

需要餐巾纸吗？

大部分蛇会将猎物整个吞下，并且可以通过**伸展下颌**来吃掉比自己体形大得多的动物，比如一头奶牛。

鬣狗会利用自己强有力的上颌与下颌咬碎并吞食猎物的骨头。它们胃里的强酸可以溶解这些骨头碎片。

科莫多巨蜥在进食后往往会将猎物的角、蹄和其他无法消化的部分吐出来。

真恶心!

跳转至第 44 页

长颈鹿有时会**咀嚼和吮吸其他动物的骨头**，以获取额外的营养物质。

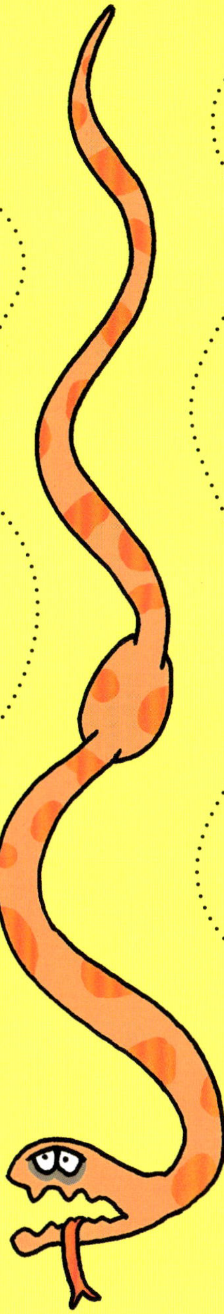

一些博物馆会用**食肉甲虫**来清洁用于展览的骨架。

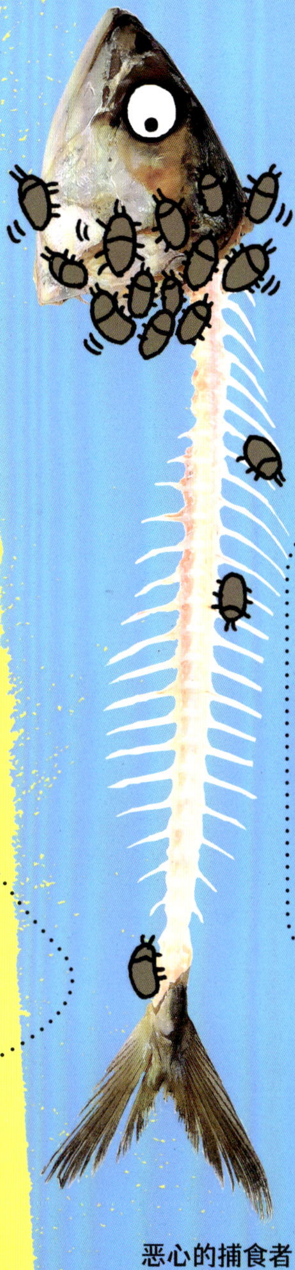

多么奇怪的藏品啊！

如果一条蛇消化食物的时间过长，那么食物就会在它的胃里**腐烂**。

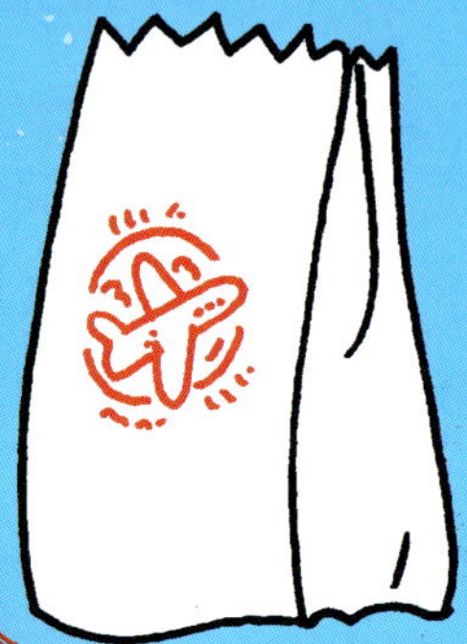

一名男子保持着**收藏最多呕吐袋**的世界纪录：他收集了来自 1191 家航空公司的 6290 个不同的呕吐袋。

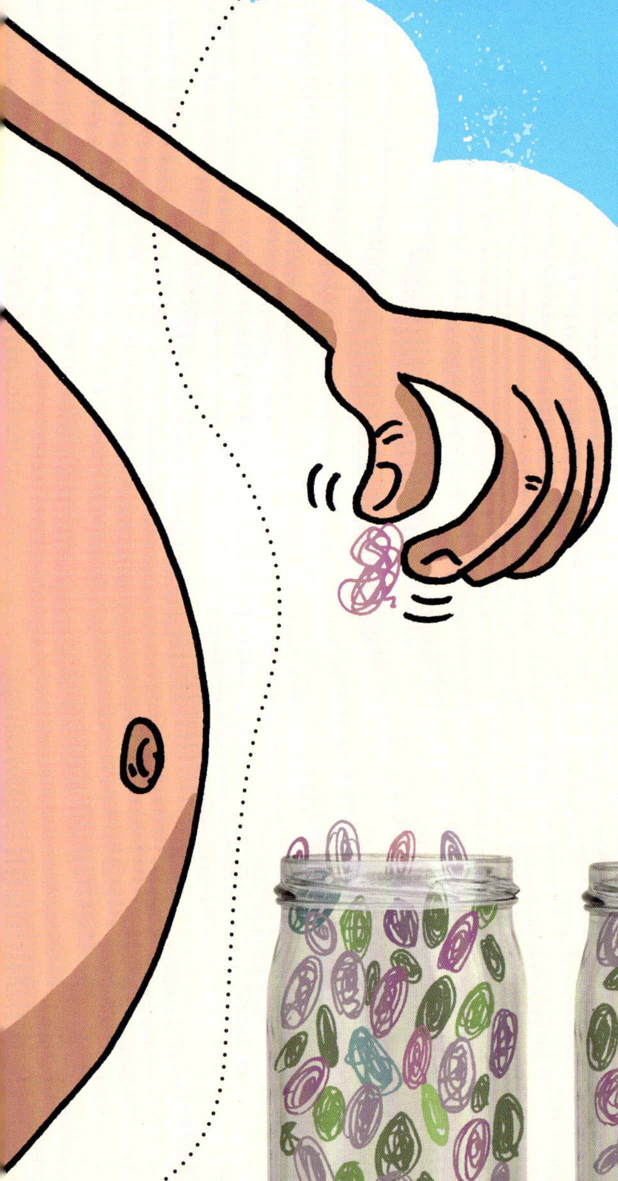

一名男子收集了约 22 克的**肚脐绒毛**，它们足以装满 3 个罐子。

一名男子用一个
罐子收集自己
剪下的指甲
已超过 35 年。

一名男子将自己手上一根拇指的**指甲**留到了 198 厘米长，这超过了大多数成年人的身高。如果将他 5 根手指的指甲连在一起，其长度和一辆双层公共汽车的长度差不多。

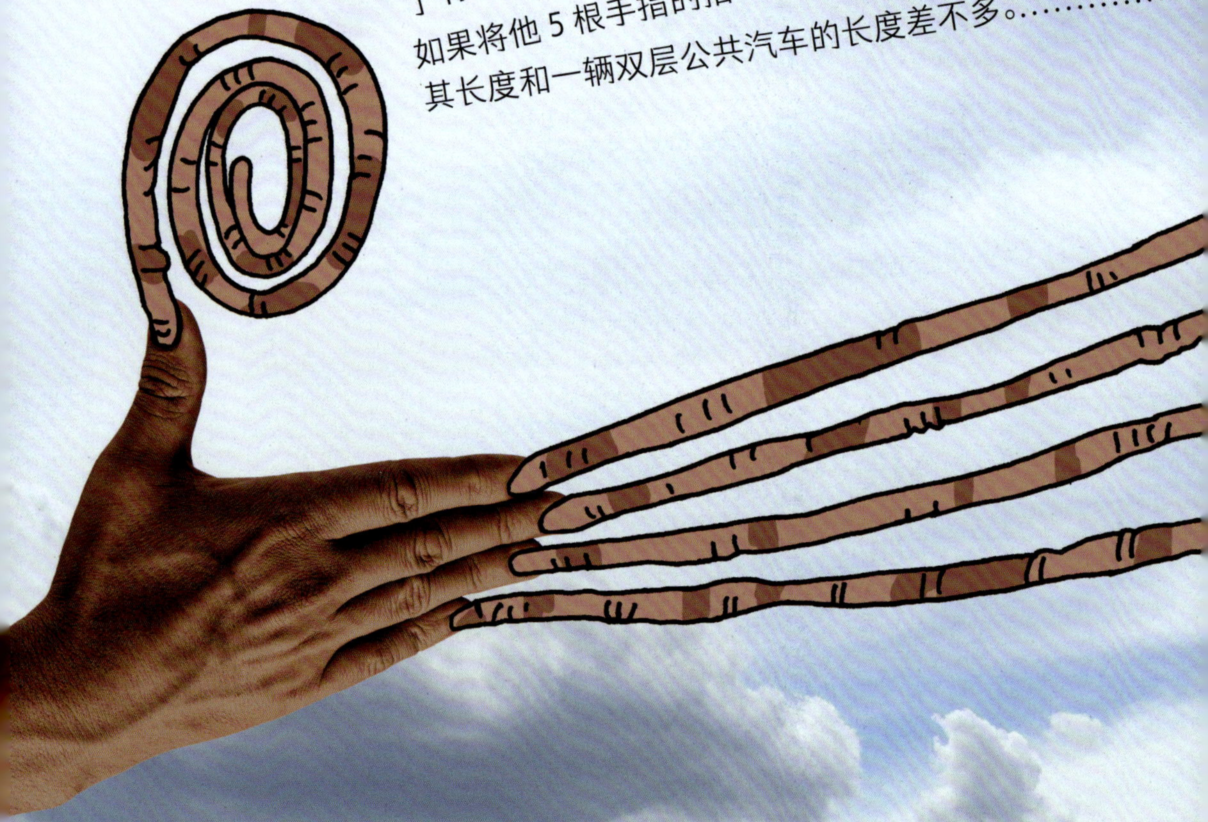

人类最早的乐器之一是由动物的蹄子制成的**摇铃**，而动物的蹄子和人类的指甲是由相同的物质构成的。

一些考古学家认为，目前已知的最古老的乐器是 4 万多年前**由动物骨头制成的一支笛子**。

长号和风笛中会滋生**霉菌**。

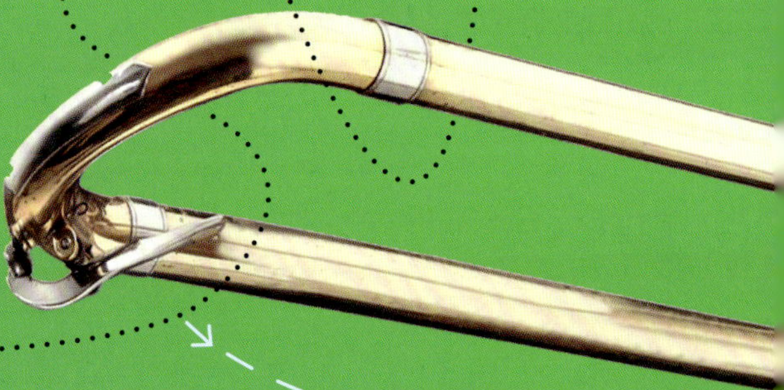

圆皮蠹（dù）是一种甲虫，它们的幼虫会侵害小提琴、大提琴等乐器的琴弓与琴盒。

传统的**风笛**气囊是由动物皮制成的。

更多侵扰者

跳转至第 128 页

跳转至第 154 页

跟着真菌走

小提琴等乐器的弦在过去是由**羊肠**制成的。

新西兰的绵羊有时会被一种叫作啄羊鹦鹉的**鸟**啄食背部的脂肪。

有些**鸟**类父母会通过吃掉雏鸟的粪便来保持**巢穴***的清洁。

*“巢穴”和下一条的“房子”在英语中均为home。

一些建筑师正在设计以**垃圾**为原材料的**房子**。

蜜蜂酿造蜂蜜的方式是将花蜜储存在蜜**胃**里，然后将其吐到另一只蜜蜂的嘴里。它们会不断重复这一过程，直到一只蜜蜂最终将其存入蜂巢之中。

科学家创造出了一个能够真正消化食物的人造**胃**。

科学家在1500年前的人类**粪便**化石中发现了一整条蛇的残骸，这意味着它很可能是被整个吞掉了。

科学家通过研究恐龙**粪便**化石了解到，有一种他们先前认定的植食性恐龙实际上也会吃**甲壳动物**。

一种与沙蚤有亲缘关系的**甲壳动物**身上有反光涂层，这使其几乎可以**隐形**。

科学家已经创造出了“吃”**垃圾**的**机器人**，它们可以帮助清理河流和海滩。

熊攻击蜂巢不仅仅是为了蜂蜜，它们还会吃掉**蜜蜂**及其幼虫。

一头灰**熊**可以在一天之内吞食多达 4 万只**飞蛾**。

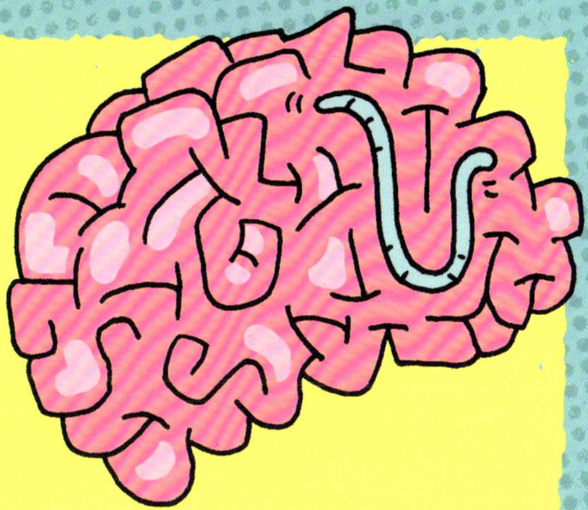

科学家已经开发出了可以在人脑**血**管中穿行的**机器人**，其尺寸和形状都和一根线差不多。

有一种**飞蛾**主要以哺乳动物的**血**液为食，它可以用锋利的口器刺破哺乳动物的皮肤。

“重口味”展览

一位韩国摄影师任由**霉菌**在自己拍摄的照片上生长，并借此创作独特的艺术品。

有些种类的**霉菌**是**隐形**的。

一位著名的艺术家用尿液创作了一系列画作。

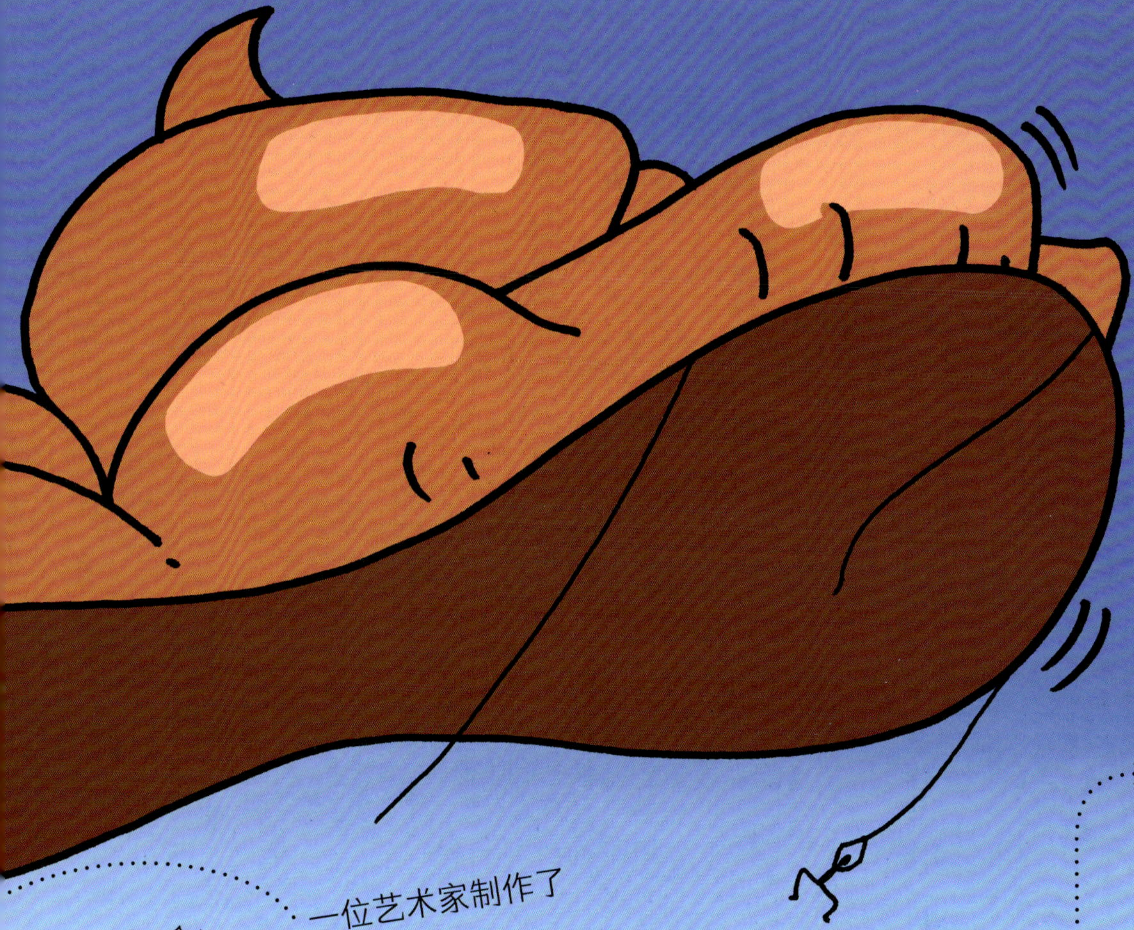

一位艺术家制作了一个比房屋还要大的**大便形状的**巨型**充气雕塑**。有一次它松动了，然后就被风吹走了。

一位艺术家创建了一个画廊，用来展示由人们**腋下**的细菌和气味制成的艺术品。

闻一闻！

其他巨大的东西
跳转至第 152 页

ZZZZZZ

黄嘴牛椋（liáng）鸟有时会**睡**在长颈鹿的腋下。

蓝顶鹛（méi）鸫（dōng）以有毒的昆虫和植物为食。它们会将食物中的毒素储存在自己的羽毛和皮肤中，**使得自己**对任何潜在的捕食者来说都是**有毒的**。

巴西有一种鹦鹉生活在废弃的**白蚁穴**中，以其富含养分的泥土为食。

有些种类的美洲鹫会**将排泄物排在自己腿和脚上**，以此来保持凉爽。

伯劳会用尖锐的枝杈将猎物**刺穿**，以杀死猎物。

很多鸟类有**沙浴**的习惯，它们会将自己的全身裹上沙子，以此来清除螨虫。

一项调查显示，大约 80% 的人会在**淋浴时尿尿**。

快憋不住了

跳转至第 86 页

许多动物会通过**在泥浆中打滚儿**来保持凉爽，如大象、河马和猪。

美国一些大学的学生会打

泥地排球，

这是一种在泥坑中进行的排球运动。

每年的6月29日是**国际泥浆日**。

庆祝时间到

跳转至第 194 页
预知未来

凯尔特人的万圣节传统是将一根棍子、一枚硬币和一块抹布一同放进一道马铃薯菜肴里烹煮，以此来为食用它的人**算命**（一种迷信活动）。

意大利的“橘子大战”是一场**为期 3 天的食物大战**，在此期间，人们会互相投掷橘子。

在冰岛的传统中，“尤尔小伙”是一群会在圣诞节期间送礼物并搞恶作剧的圣诞老人，其中的“**舔锅的圣诞老人**”会偷走没有及时清洗的碗碟等餐具并把它们舔干净。

每年的4月23日不只是世界读书日，还是**国际挖鼻孔日**。

感受到好运了吗？

在西班牙的部分地区，人们会为了获得好运和乐趣在圣诞节期间展出一些**正在大便的人像**，其中也包括一些著名人物。

更多鼻涕
跳转至第 116 页

世界上许多地方的人都认为**被鸟粪砸中**是一件幸运*的事情。

* 所谓的好运其实是一种迷信。

19 世纪末的英国人和美国人认为，将每个家族成员的一根头发缝进**新娘**的婚纱里会为她带来好运。

跳转至第 104 页

穿着得体

为了获得好运，一名橄榄球运动员曾在 11 场比赛中戴着**同一副手套**，其间从没清洗过。

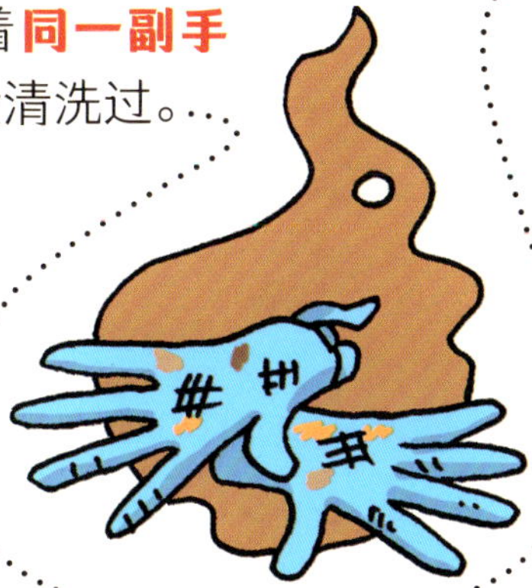

比赛开始了

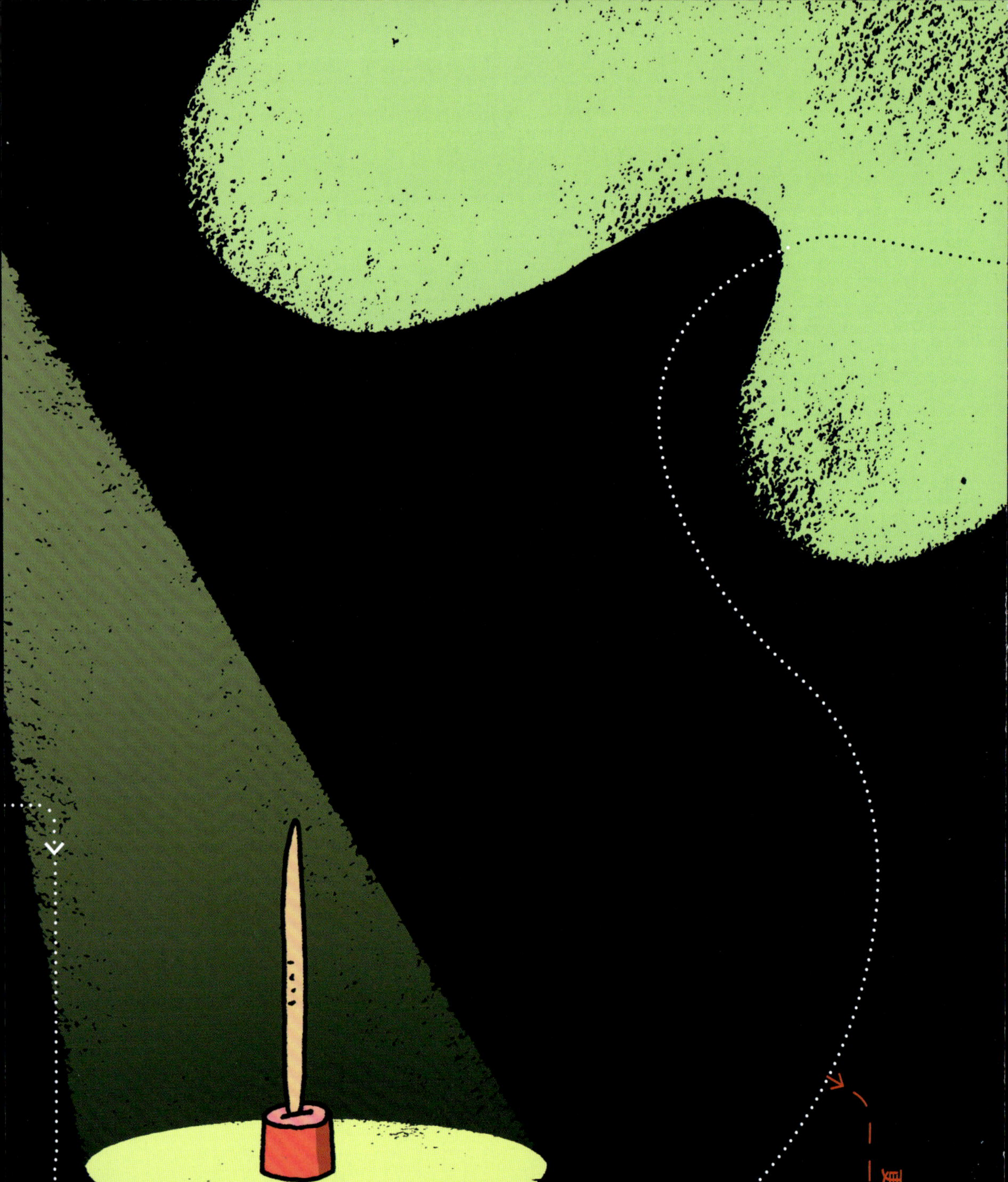

不可思议的是，在一场拍卖会上，一位著名棒球运动员**用过的牙签**竟以数百美元的价格成交。

更多唾液
跳转至第 50 页

更离奇的是，有些棒球运动员会往自己的手上撒尿，以增强皮肤的韧性。

一些农民会在自己种植的植物周围喷洒狐狸的尿液，因为它的**气味**可以赶走饥饿的动物。

有一种跳**蛛**会被臭袜子的**气味**所吸引。

在埃及出土的一具2000多年前的**木乃伊**的**舌头**是用黄金制成的。

大食蚁兽的**舌头**长达 60 厘米，可以将**蚂蚁**从蚁穴中粘出来。

一个被困在废弃地堡中的蚁群通过吞食同类的尸体而存活下来，后来更多蚂蚁掉落到这里，该蚁群的**蚂蚁**数量甚至增长到了近 100 **万**只。

科学家已经造出了由细菌制成的人造**蛛**丝。

科学家在**蛞蝓**黏液的启发下开发了一种用于手术的胶水。

海**蛞蝓**（俗称“海兔”）可以分泌出一种有毒的紫色或红色**液体**来抵御捕食者。

科学家在一匹4.2万年前的**木乃伊**马体内发现了仍呈**液体**形态的血液。

一位收藏家曾花费150多**万**美元（合人民币1000多万元）买下了演员出演电影《绿野仙踪》时所穿的一件汗渍斑斑的服装。

不要流汗了

由于含有一种特殊的蛋白质，**马的汗液**常常会起泡沫。

不仅人类的腋下会出汗，
猩猩和猴子也是如此。

更多灵长类动物

有人看到过一些猴子用小枝条

挖鼻孔。

鼻子痒了？

为了开发鼻子具备一定功能的**机器人**，科学家正试图创造人工鼻涕。

超现代化

科学家正在研究如何利用人类的大便来培养**可食用细菌**，这在将来可能成为人们在太空长途旅行中的食物来源。

跳转至第 54 页
离开地球

……未来，人们也许能够通过

3D 打印

将一些具有可塑性的糊状物变成自己的食物。

有一家公司想制造一款机器人，它会在**厕纸**用完时为你拿来一卷新的。

这些词在哪里

（按音序排序）

注：这里的页码提示你包含这个关键词的最精彩内容在哪里。

特约策划：敖德
特约编辑：郭文婷